외국인을 위한 한국어

한국 사회·문화 이해와 표현 Ⅰ

인 쇄   2005년 10월 07일
발 행   2005년 10월 15일

저 자   박선옥
펴낸이   이대현
편 집   이은희
펴낸곳   도서출판 **역락**

서울 성동구 성수2가 3동 301-80 (주)지시코 별관 3층

전화 3409-2058, 3409-2060 / FAX 3409-2059

홈페이지 http://www.youkrack.com

이메일 youkrack@hanmail.net

등록 1999년 4월 19일 제303-2002-000014호

ISBN 89-5556-433-3-93370

정가 10,000원

* 잘못된 책은 교환해 드립니다.

외국인을 위한 한국어

한국 사회·문화 이해와 표현 Ⅰ

박선옥 지음

도서출판 역락

머리말

최근 들어 한국어 교육은 국내외적으로 주목받고 있다. 국가의 위상이 세계적으로 점점 더 높아지고, 아시아를 중심으로 한류 열풍이 거세게 불면서 국제적으로 한국의 사회 · 문화 · 역사 · 정치 · 경제 등에 대한 관심이 매우 많아지고 있다.

이에 따라 한국어를 배우고자 하는 학습자의 수도 날로 증가하고 있다. 외국어로서 한국어 연수 과정을 이수하는 학생들을 비롯하여 대학이나 대학원에서 수학을 하는 외국인 수는 과거에 비해 아주 많아졌고 앞으로 더욱 증가할 것이다.

외국인을 위한 한국어 교육이 본격적인 궤도에 오른 것은 그리 오래되지 않았다. 그런데도 한국어 교육용 교재를 비롯하여 여러 연구 논저들은 괄목할 만한 성과들을 보여주고 있다. 한국어 교육용 교재들은 통합교육 방식에 따른 교재들뿐만 아니라 읽기, 듣기 등 세부 영역 교재들도 속속 출간되고 있다. 그런데 교육용 교재의 내용을 보면 대부분 한국어 능력을 6단계로 구분하고 그 여섯 번째 등급에 해당하는 고급 수준을 최고로 하여 구성하였다. 그런데 대학이나 대학원에서 수학하고 있는 외국인을 위한 교재는 사실상 부재의 상태이다.

이 책은 한국어 과정 고급 수준 이상의 내용으로 구성하여 외국인 대학생을 위한 학습서로 활용하고자 한다. 외국인 대학생이 한국 사회에 대한 심층적인 이해를 하고 지성인으로 갖추어야 할 지식과 인성을 함양할 수 있도록 하는 데 초점을 맞추고 있다.

이 책에서는 한국 사회 · 문화와 관련한 독해 지문을 제시하고 어휘와 문법, 표현, 내용 이해도 확인 등의 언어적 내용을 학습하도록 하였고, 독해 지문을 통해 좀 더 심층적으로 논의해야 할 부분을 토의 · 토론하도록 하였다. 그리고 독해를 바탕으로 사고를 확장하

머리말

고 표현할 수 있는 능력을 기르도록 하기 위하여 작문을 하도록 하였다.

이 책은 외국인 대학생을 위한 한국 사회 · 문화 이해와 표현의 첫 번째 묶음이다. 사실 다루어야 할 주제는 매우 방대하기 때문에 좀 더 실질적이고 적절한 내용을 선정하여 두 번째, 세 번째 묶음을 만들고자 한다.

그간 많은 격려와 지도를 해 주신 成煥甲 선생님을 비롯해 많은 은사님들께 감사를 드린다. 그리고 흔쾌히 출판을 하겠다고 하신 도서출판 역락의 이대현 사장님과 이태곤 편집 팀장님, 거친 원고를 말끔하게 다듬어 주신 이은희 편집 실장님께도 감사의 마음을 전한다.

2005년 가을에

박선옥

차 례

풍요로운 삶을 추구하는 인간의 욕구

행복한 삶이란 무엇인가?

사람들은 흔히 인생의 목표를 행복이라고 말한다. 그런데 행복한 삶이란 구체적으로 어떠한 삶인가? 엄마 품에 안겨서 젖을 빠는 아이, 시끄럽게 떠들면서 놀고 있는 어린이들을 생각해 보자. 계곡 물에 발을 담근 채 재잘거리고 있는 젊은 남녀들, 일찍 귀가한 남편의 저녁상을 차리며 콧노래를 흥얼거리는 주부를 상상해 보자. 또 소파에 앉아 과자를 먹으며 텔레비전 드라마를 보고 있는 청소년, 오랫동안 써 온 소설을 이제 막 탈고하고 담배를 한 대 피워 문 중년의 작가도 생각해 보자. 모두 다 행복하다고 말할 수 있을 것이다. 무엇이 이들을 행복하게 하는가?

이 경우들을 잘 분석해 보면 희열과 안락이 행복을 이루는 주요 성분임을 알 수 있다. 희열과 안락이 고루 섞인 경우도 많겠지만, 희열이 주성분을 이루는 능동적인 행복, 안락이 주성분을 이루는 수동적인 행복도 있을 것이다. 그러나 어쨌든 행복한 순간들은 자아에 대한 날카로운 자각이 없다는 점에서 공통된다. 행복하니까 자의식이 긴장할 필요가 없어지기도 하겠지만, 반대로 자아가 흐리멍텅해졌기 때문에 행복해질 수도 있을 것이다. 적극적인 활동을 한 후에 느끼는 행복보다는 그냥 편안한 즐거움을 누리는 수동적 행복이 이러한 혐의를 받을 소지가 크다고 하겠다.

인간은 자의식의 존재이다. 사람들은 다 '저 잘난 맛'에 산다. 편안하고 즐거운 삶이 행여 자아의 주체성을 포기한 대가로서 얻어지는 것이라면 그것은 결코 진정한 행복이 될 수 없을 것이다. 자의식은 언젠가는 자기 자신을 찾아 나서기 때문이다. 그런데도 사람들은 왕왕 '무지의 상태에서 누리는 즐거움'을 '행복'이라 칭한다.

무지의 즐거움을 굳이 '행복'이라 칭하는 배후에는 한편으로 삶에 대한 체념이 깔려 있을 수 있다. '나는 그냥 행복을 추구하면서 살겠다'는 말은 곧 '나는 이상을 추구하느라 고생하면서 살지는 않겠다'는 뜻일 때가 많다. 세상살이는 다 그렇고 그렇다는 것을 깨달 았거나 나 자신이 대단한 인물이 못 된다는 사실을 깨달았기 때문일 것이다. 현실을 고려 하지 않고 멋대로 이상을 추구하는 삶은 흔히 자신을 과대평가하고 세상 사람들을 우습게 본다는 점에서 오류라고 말할 수 있다. 그러나 그냥 현실에 안주하려는 삶은 자신의 자의 식을 과소평가 한다는 점에서 역시 오류라고 말할 수 있다. 힘겹게 '행복'을 성취하고 난 뒤 행복해야 할 자의식은 오히려 고개를 쳐들고 '산다는 게 뭔지'의 의문을 제기할 가능성 이 얼마든지 있다. 이상을 추구하는 것도 어려운 일이지만, 자의식을 잠재우며 체념하고 사는 것도 쉬운 일은 아니다. 차라리 진정한 행복을 찾아 나서는 것이 더 쉬운 일일 수도 있다.

'무지의 행복'을 강변하는 이면에는 다른 한편으로 타인에 대한 음모가 숨어 있을 수 도 있다. 가족이든 친구든 애인이든 자기가 사랑하는 사람의 행복을 위하여, 당사자에게는 고통스런 사실을 알리지 않고 자기 혼자서 힘들게 문제를 풀어 나가는 경우가 더러 있다. 이때 사람들은 '당사자가 알아서 고생하기보다는 몰라서 행복한 것이 낫다'는 생각을 한 다. 그러나 당사자는 나의 호의가 고맙지만, 무시당한 느낌에 자존심이 상할 수도 있을 것 이다. 상대방의 행복을 위한다는 미명 아래 상대방의 지성을 모독하는 일이 자주 있다. 그 리고 심지어 상대방의 행복을 위한다는 구실로 상대방에게 자신의 생각을 강요하고, 나아가 지배하기도 한다.

과거의 역사는 '무지의 행복'이 사실상 지배의 명분이자 도구였음을 잘 보여 주고 있다. 봉건 사회는 어린이나 여성을 남성 가장(家長)의 통제 하에 두려고 하였다. 이때의 논리는 단순하다. "복종하라, 그러면 행복할 것이다." 어린이와 여성은 지배받는 상황을 당연시하도록 교육되고, 피지배자의 심리는 지배자의 폭력을 두려워하여 지배자로부터 사랑받기를 갈망하게 된다. 이렇게 만반의 준비가 갖추어진 상황에서, 가장의 몇 가지 판에 박힌 사랑의 제스처는 가족들을 행복감에 빠져들게 할 수 있다. 그것이 비록 지배자의 위선적인 술책이라 할지라도.

행복은 타인에 의하여 객관적으로 설정되는 삶의 상황이 아니라 주관적으로 느끼는 심리 상태이다. 주관의 의식에 따라 똑같은 상황이 행복이 되기도 하고 불행이 되기도 한다. 스스로 자의식을 포기하거나 제한한다면 무지의 행복을 즐길 수도 있을 것이다. 그러나 스스로 자의식을 재정비한다면 어제까지의 행복이 하루아침에 질곡으로 돌변하기도 한다. 노라의 행복했던 가정이 한순간에 '인형의 집'이 되듯이.

아이들도 성장하면 자의식이 발달하여 스스로 자립하고자 한다. 같은 또래 친구들로부터 젖먹이나 멍청이로 놀림받는 것은 다 자란 아이들에게 매우 참기 어려운 고통이다. 이런 아이를 어머니가 사랑이란 미명 하에 계속 품에 안고만 있으려 하면, 한때 행복 그 자체였던 어머니의 품은 이제 끔찍스런 굴레가 되고 말 것이다. 아이는 당연히 반항하고 심지어 어머니를 미워하기도 한다. 어머니는 흔히 자식의 못된 버릇을 개탄할 뿐 아이의 자의식을 헤아리지는 못한다. 이렇게 부모는 '행복'을 강요하고 자식은 '자유'를 갈망하는 어이없는 소모전이 자식이 독립하는 날까지 이어지기도 한다.

나의 삶을 살아가려는 사람에게 나의 주체성이 보장되지 않는 무지의 행복이란 무의미한 것이다. 나의 삶은 무엇보다 우선 자유로워야 한다. 진정한 행복은 동시에 진정한 자유라야 하는 것이다.

– 한국철학사상 연구회, 『삶과 철학』, 동녘, pp.12～15.

- 계곡
- 재잘거리다
- 콧노래
- 흥얼거리다
- 탈고
- 중년
- 희열
- 안락
- 고루
- 자아
- 자각
- 자의식
- 흐리멍텅해지다
- 누리다
- 혐의
- 소지
- 대가
- 왕왕
- 칭하다
- 배후
- 체념
- 과대평가
- 우습게 보다
- 안주하다

- 고개를 쳐들다
- 잠재우다
- 강변하다(強辯—)
- 음모
- 더러
- 미명(美名)
- 구실
- 복종하다
- 갈망하다
- 만반의 준비가 갖추어지다
- 판에 박히다
- 술책(術策)
- 하루아침에
- 질곡
- 어이없다

문법과 표현

- -(으)ㄴ 채
  - 계곡 물에 발을 담금 채 재잘거리고 있는 젊은 남녀들.

- 어쨌든
  - 어쨌든 행복한 순간들은 자아에 대한 날카로운 자각이 없다는 점에서 공통된다.

- 행여 -(이)라면
  - 편안하고 즐거운 삶이 행여 자아의 주체성을 포기한 대가로서 얻어지는 것이라면

그것은 결코 진정한 행복이 될 수 없을 것이다.

●-는 경우가 더러 있다

— 당사자에게는 고통스런 사실을 알리지 않고 자기 혼자서 힘들게 문제를 풀어 나
가는 경우가 더러 있다.

●-(이)자

— '무지의 행복'이 사실상 지배의 명분이자 도구였음을 잘 보여 주고 있다.

●-(이)란 미명아래

— 아이를 어머니가 사랑이란 미명하에 계속 품에 안고만 있으려 한다.

●굴레가 되다

— 행복 그 자체였던 어머니의 품은 이제 끔찍스런 굴레가 되고 말 것이다.

●심지어

— 아이는 반항하고 심지어 어머니를 미워하기도 한다.

이해하기

(1) 행복한 순간에는 어떤 것을 느끼지 못해요?

(2) ‘무지의 상태에서 누리는 즐거움’에 대한 이 글의 태도는 어떻습니까?

(3) 이상을 추구하는 삶과 현실에 안주하려는 삶을 어떻게 평가합니까?

(4) ‘복종하라, 그러면 행복할 것이다’의 내면에 담긴 뜻은 무엇입니까?

(5) 이 글에서 ‘행복’을 어떻게 정의하고 있습니까? 그 예를 모두 들어 보십시오.

(1) 여러분은 인생의 목표가 무엇입니까?

(2) 능동적인 행복과 수동적인 행복에 대해 예를 들어 장·단점을 이야기해 봅시다.

(3) 상대방의 행복을 위하여 상대의 지성이나 판단을 무시하는 예를 들고 그에 대한 여러분의 생각을 이야기해 보십시오.

(4) 어머니의 자식 사랑법과 자식들이 행복을 추구하는 방법이 다른 경우에 갈등이 생길
    수 있습니다. 그 예를 들어 이야기해 보십시오.

'풍요로운 삶을 추구하는 인간의 욕구'라는 제목으로 글을 쓰십시오.

인형의 집[人形-, Et dukkehjem]
1879년 노르웨이의 극작가 입센의 3막 희곡

변호사 헬마의 아내 노라는 세 아이의 어머니이며 남편에게 사랑을 받고 있다. 남편은 새해에 은행장으로 취임하게 되어, 그 기쁨이 겹친 크리스마스를 배경으로 이야기는 전개된다. 노라는 신혼 무렵, 남편이 앓아 전지요양을 했을 때, 이미 세상을 떠난 아버지의 이름을 위서(僞書)하여 고리대금업자로부터 돈을 빌려 남편을 살렸다. 그 악질 고리대금업자 구로구스타는 지금 은행에 근무하고 있다.

내용을 모르는 헬마는 행장 취임을 계기로 그를 해임하려 하나 상대방은 그 위서 사건을 내세워 남편을 실각시키겠다고 노라를 위협한다. 드디어 그 사실이 남편에게 알려지자 남편은 사랑하는 아내에게 배신당했다며 욕을 퍼붓는다. 지금까지 자기는 단순히 인형으로 취급되어 귀여움을 받은 데 불과하다고 생각한 노라는, 사건이 해결되고 남편이 다시 결합할 것을 원하지만, 아내가 되기 이전에 책임 있는 한 인간으로서 살기 위하여 집을 뛰쳐나간다.

이 작품이 세상에 나오자 노라는 신여성의 대명사가 되었고, 여성해방 운동이 각처에서 불타오르기 시작했다. 입센의 가장 뛰어난 대표작임은 물론 세계 근대극의 대표작이다. 한국에서는 1925년 조선배우학교에서 맨 처음 공연되었다. 입센의 육필원고는 유네스코 세계기록유산에 지정되었다.

– 네이버 백과사전

02.

삶의 태도

　다음 두 편의 글은 자신에게 주어진 삶의 조건에 어떻게 대응하면서 삶을 살 것인가 하는, 삶의 태도를 다른 각도에서 제시하고 있는 글이다. 첫 번째 글 속의 '토끼'는 인간이라고 가정하고 읽어본다.[1]

　한 옛날 깊고 깊은 산 속에 굴이 하나 있었습니다. 토끼 한 마리 살고 있는 그곳은 일곱 가지 색으로 꾸며진 꽃 같은 집이었습니다. 토끼는 그 벽이 흰 대리석이라는 것을 모르고 살았습니다. 나갈 구멍이라고는 없이 얼마나 깊은 지도 모르게 땅 속 깊이에 쿡 박혀든 그 속으로 바위들이 어떻게 그리 묘하게 엇갈렸는지 용히 한 줄로 틈이 뚫어져 거기로 흘러든 가느다란 햇살이 마치 프리즘을 통과한 것처럼 방안에다 찬란한 스펙트럼의 여울을 쳐놓았던 것입니다. (중략) 그러던 그가 그 일곱 가지 고운 빛이 실은 천장 가까이에 있는 창문 같은 데로 흘러든 것이라는 것을 겨우 깨닫기는 자기도 모르게 어딘지 몸이 간지러워지는 것 같으면서 그저 까닭 모르게 무엇이 그립고 아쉬워만 지는 시절에 들어서였습니

---

1) 건국대학교 2000학년도 논술 문제 참조.

다. (중략) 그는 생각하였습니다. '이렇게 고운 빛을 흘러가게 하는 저 바깥 세계는 얼마나 아름다운 곳일까…….' 이를테면 그것은 하나의 개안(開眼)이라고 할까. 혁명이었습니다. (중략)

생일날 그의 머리에 떠오른 생각은 그렇게 무서운 것이었습니다. 그는 그 창으로 나갈 수 없을까 하는 생각을 해보았던 것입니다. (중략) 그는 창으로 기어 나가기 시작하였습니다. (중략) 드디어 마지막 관문에 다다랐습니다. (중략) 전율하는 생명의 고동에 온몸을 맡기면서 그는 가다듬었던 목을 바위틈 사이로 쑥 내밀며 최초의 일별(一瞥)을 바깥세계로 던졌습니다. 그 순간이었습니다. 콱! 십 년을 두고 벼르고 기다리고 있었다는 것처럼 홍두깨가 눈알을 찌르는 것 같은 충격이었습니다. 그만 그 자리에 쓰러졌습니다. 얼마나 후, 정신을 돌린 그 토끼의 눈망울에는 이미 아무 것도 비쳐 드는 것이 없었습니다. 소경이 되어 버린 것입니다. 일곱 가지 색으로 살아온 그의 눈은 자연의 태양 광선을 감당해 낼 수가 없었던 것입니다. 그 토끼는 죽을 때까지 그 자리를 떠나지 않았습니다. 고향에 돌아가는 길이 되는 그 문을 그러다가 영영 잃어버릴 것만 같아서였습니다. 고향에 돌아갈까 하는 생각을 거죽에 나타내 본적이 한 번도 없으면서 말입니다.

– 장용학, 『요한 시집』 중에서

오클랜드 섬과 샌프란시스코를 잇는 금문교에는 17개의 통행료 징수대가 있다. 나는 지금까지 수천 번도 넘게 그 징수대를 통과했지만 어떤 직원과도 기억에 남을 만한 가치 있는 만남을 가진 적이 없다. 그냥 날마다 기계적으로 돈을 내고 받고 지나갔을 뿐이다. 1984년 어느 날 아침, 나는 샌프란시스코에서의 점심 약속 때문에 다리를 건너기 위해 통행료 징수대들 중 하나로 차를 몰고 다가갔다. 그때 내 귀에 큰 음악 소리가 들렸다. 마치 파티석상에서 울려 퍼지는 댄스뮤직이거나 마이클 잭슨이 콘서트라도 열고 있는 것 같은 요란한 음악이었다. (중략)

나는 통행료 징수대를 쳐다보았다. 그런데 그 안에서 한 남자가 춤을 추고 있었다. 내가 물었다. "지금 뭘 하고 있는 거요?" 그가 말했다. "난 지금 파티를 열고 있소." (중략) 몇 달 뒤 나는 그 친구를 다시 발견했다. 그는 통행료 징수대 안에서 음악을 크게 틀어 놓고 아직도 혼자서 파티 중이었다. 내가 다시 물었다. "지금 뭘 하고 있는 거요?" 그가 말했다. "당신 지난번에도 똑같은 걸 물었던 사람 아니오? 기억이 나는구면. 난 아직도 춤을 추고 있소. 똑같은 파티를 계속 열고 있는 중이라니까." (중략) 당신과 내가 사흘도 지겨워서 못 견딜 그런 좁은 공간 안에서 이 사람은 파티를 열고 있는 것이다. 나중에 그 사람과 나는 점심을 같이 먹었다. 그가 말했다. "다른 사람들이 내 직업을 따분하게 평가하는 걸 난 이해할 수 없소. 난 혼자만 쓸 수 있는 사무실을 갖고 있는 셈이고, 또한 사방이 유리로 되어 있소. 그곳에선 금문교와 샌프란시스코, 그리고 버클리의 아름다운 산들을 다 구경할 수 있소. 미국 서보의 휴가객 절반이 그곳을 구경하러 해마다 몰려오지 않소. 그러니 난 얼마나 행운이오. 날마다 어슬렁거리며 걸어와서는 월급까지 받으며 춤 연습을 하면 되거든요."

– 캔필드 · 한센, 『마음을 열어주는 101가지 이야기』 중에서

어휘와 구절

- 대리석
- 쿡
- 용히
- 프리즘
- 스펙트럼
- 개안(開眼)
- 혁명
- 관문
- 전율하다
- 생명의 고동

- 일별(一瞥)
- 홍두깨
- 영영
- 거죽
- 금문교
- 통행료 징수대
- 파티석상
- 요란하다
- 따분하다

문법과 표현

- 어떻게 그리
  - 땅 속 깊이에 쿡 박혀든 그 속을 바위들이 어떻게 그리 묘하게 엇갈렸는지……

- 그저
  - 그저 까닭 모르게 무엇이 그립고 아쉬워만 진다.

- '하오체'
  - 난 지금 파티를 열고 있소.
  - 똑같은 걸 물었던 사람 아니오?
  - 난 이해할 수 없소.
  - 난 얼마나 행운이오.

- -는 셈이다
  - 난 혼자만 쓸 수 있는 사무실을 갖고 있는 셈이다.

(1) '자기도 모르게 어딘지 몸이 간지러워지는 것 같으면서 그저 까닭 모르게 무엇이 그립고 아쉬워만 지는 시절'이 의미하는 것은 무엇입니까?

(2) 생일날 떠오른 무서운 생각은 무엇입니까?

(3) '홍두깨가 눈알을 찌르는 것 같은 충격'의 속뜻은 무엇입니까?

(4) ‘소경이 되어 버린 것’은 무엇을 비유합니까?

----

(5) 기억에 남는 통행료 징수대 직원은 어떤 행동을 했습니까?

----

(6) 점심을 함께 한 통행료 징수대 직원은 자신의 직업에 대해 어떤 태도를 가지고 있
   습니까?

----

(7) 통행료 징수대 직원의 성격은 어떻습니까? 그 이유는 무엇입니까?

(1) 첫 번째 글과 두 번째 글에서는 각각 어떤 삶의 자세를 가진 인물을 보여주고 있습니까?

(2) 두 글 속의 인물이 가지고 있는 공통적인 삶의 자세는 무엇입니까?

(3) '토끼'가 가진 삶은 태도와 통행료 징수대 직원이 가진 삶의 태도에 대하여 비판해
봅시다.

(4) 두 삶의 태도를 종합하여 볼 때 어떤 삶의 태도를 가지는 것이 바람직하다고 생각
합니까?

(1) 위 첫 번째 글에서 토끼를 인간이라고 가정하고, 삶의 태도에 대하여 서술하십시오.

(2) 위 두 번째 글에서 나타난 통행료 징수대 직원의 삶의 태도에 대하여 서술해 봅시다.

(3) 앞서 작성한 (1)과 (2)의 내용을 바탕으로 첫 번째 글과 두 번째 글에 나타난 삶의
태도를 비교분석하고 자신의 견해를 논술해 봅시다.

03.

자연과 인간의 조응

신록 예찬(新綠禮讚)

이양하

봄, 여름, 가을, 겨울 두루 사시(四時)를 두고 자연이 우리에게 내리는 혜택에는 제한이 없다. 그러나 그 중에도 그 혜택을 풍성히 아낌없이 내리는 시절은 봄과 여름이요, 그 중에도 그 혜택을 가장 아름답게 나타내는 것은 봄, 봄 가운데도 만산(萬山)에 녹엽(綠葉)이 싹트는 이 때일 것이다.

눈을 들어 하늘을 우러러보고 먼 산을 바라보라. 어린애의 웃음같이 깨끗하고 명랑한 5월의 하늘, 나날이 푸르러 가는 이 산 저 산, 나날이 새로운 경이를 가져오는 이 언덕 저 언덕, 그리고 하늘을 달리고 녹음을 스쳐 오는 맑고 향기로운 바람—우리가 비록 빈한하여 가진 것이 없다 할지라도, 우리는 이러한 때 모든 것을 가진 듯하고, 우리의 마음이 비록 가난하여 바라는 바, 기대하는 바가 없다 할지라도, 하늘을 달리어 녹음을 스쳐 오는 바람은 다음 순간에라도 곧 모든 것을 가져올 듯하지 아니한가?

오늘도 하늘은 더할 나위 없이 맑고, 우리 연전(延專) 일대를 덮은 신록은 어제보다도 한층 더 깨끗하고 신선하고 생기 있는 듯하다. 나는 오늘도 나의 문법 시간이 끝나자, 큰 무거운 짐이나 벗어 놓은 듯이 옷을 훨훨 떨며, 본관 서쪽 숲 사이에 있는 나의 자리를 찾아 올라간다. 나의 자리래야 솔밭 사이에 있는, 겨우 걸터앉을 만한 조그마한 소나무 그루터기에 지나지 못하지마는, 오고 가는 여러 동료가 나의 자리라고 명명(命名)하여 주고, 또 나 자신도 하루 동안에 가장 기쁜 시간을 이 자리에서 가질 수 있으므로, 시간의 여유가 있을 때마다 나는 한 특권이나 차지하는 듯이, 이 자리를 찾아 올라와 앉아 있기를 좋아한다.

물론, 나에게 멀리 군속(群俗)을 떠나 고고(孤高)한 가운데 처하기를 원하는 선골(仙骨)이 있다거나, 또는 나의 성미가 남달리 괴팍하여 사람을 싫어한다거나 하는 것은 아니다. 나는 역시 사람 사이에 처하기를 즐거워하고, 사람을 그리워하는 갑남을녀(甲男乙女)의 하나요, 또 사람이란 모든 결점이 있음에도 불구하고, 역시 가장 아름다운 존재의 하나라고 생각한다. 그리고 또, 사람으로서도 아름다운 사람이 되려면 반드시 사람 사이에 살고, 사람 사이에서 울고 웃고 부대껴야 한다고 생각한다.

그러나 이러한 때―푸른 하늘과 찬란한 태양이 있고, 황홀(恍惚)한 신록이 모든 산, 모든 언덕을 덮는 이때, 기쁨의 속삭임이 하늘과 땅, 나무와 나무, 풀잎과 풀잎 사이에 은밀히 수수(授受)되고, 그들의 기쁨의 노래가 금시라도 우렁차게 터져 나와, 산과 들을 흔들 듯한 이러한 때를 당하면, 나는 곁에 비록 친한 동무가 있고, 그의 재미있는 이야기가 있다 할지라도, 이러한 자연에 곁눈을 팔지 않을 수 없으며, 그의 기쁨의 노래에 귀를 기울이지 아니할 수 없게 된다.

그리고 또, 어떻게 생각하면, 우리 사람이란―세속에 얽매여, 머리 위에 푸른 하늘이 있는 것을 알지 못하고, 주머니의 돈을 세고, 지위를 생각하고, 명예를 생각하는 데 여념이 없거나, 또는 오욕 칠정(汚辱七情)에 사로잡혀, 서로 미워하고 시기하고 질투하고 싸우는 데 마음에 영일(寧日)을 가지지 못하는 우리 사람이란, 어떻게 비소(卑小)하고 어떻게 저속한 것인지, 결국은 이 대자연의 거룩하고 아름답고 영광스러운 조화를 깨뜨리는 한 오점(汚點) 또는 한 잡음(雜音)밖에 되어 보이지 아니하여, 될 수 있으면 이러한 때를 타서, 잠깐 동안이나마 사람을 떠나, 사람의 일을 잊고, 풀과 나무와 하늘과 바람과 한가지로 숨쉬고 느끼고 노래하고 싶은 마음을 억제할 수가 없다.

그리고 또, 사실 이즈음의 신록에는 우리의 마음에 참다운 기쁨과 위안을 주는 이상한 힘이 있는 듯하다. 신록을 대하고 있으면, 신록은 먼저 나의 눈을 씻고, 나의 머리를 씻고, 나의 가슴을 씻고, 다음에 나의 마음의 구석구석을 하나하나 씻어낸다. 그리고 나의 마음의 모든 티끌―나의 모든 욕망(欲望)과 굴욕(屈辱)과 고통(苦痛)과 곤란(困難)이 하나하나 사라지는 다음 순간, 별과 바람과 하늘과 풀이 그의 기쁨과 노래를 가지고 나의 빈 머리에, 가슴에, 마음에 고이고이 들어앉는다. 말하자면, 나의 흉중(胸中)에도 신록이요, 나의 안전(眼前)에도 신록이다. 주객일체(主客一體), 물심일여(物心一如)라 할까, 현요(眩耀)하다 할까, 무념무상(無念無想), 무장무애(無障無礙), 이러한 때 나는 모든 것을 잊고, 모든 것을 가진 듯이 행복스럽고, 또 이러한 때 나에게는 아무런 감각의 혼란(混亂)도 없고, 심정의 고갈(枯渴)도 없고, 다만 무한한 풍부의 유열(愉悅)과 평화가 있을 따름이다.

그리고 또, 이러한 때에 비로소 나는 모든 오욕(汚辱)과 모든 우울(憂鬱)에서 완전히 자유로울 수 있고, 나의 마음의 상극(相剋)과 갈등(葛藤)을 극복하고 고양(高揚)하여, 조화 있고 질서 있는 세계에까지 높인 듯한 느낌을 가질 수 있다.

그러기에, 초록(草綠)에 한하여 나에게는 청탁(淸濁)이 없다. 가장 연한 것에서 가장 짙은 것에 이르기까지 나는 모든 초록을 사랑한다. 그러나 초록에도 짧으나마 일생이 있다. 봄바람을 타고 새 움과 어린잎이 돋아나올 때를 신록의 유년이라 한다면, 삼복 염천(三伏炎天) 아래 울창한 잎으로 그늘을 짓는 때를 그의 장년 내지 노년이라 하겠다. 유년에는 유년의 아름다움이 있고, 장년에는 장년의 아름다움이 있어 취사(取捨)하고 선택할 여지가 없지마는, 신록에 있어서도 가장 아름다운 것은 역시 이즈음과 같은 그의 청춘 시대―움 가운데 숨어 있던 잎의 하나 하나가 모두 형태를 갖추어 완전한 잎이 되는 동시에, 처음 태양의 세례를 받아 청신하고 발랄한 담록(淡綠)을 띠는 시절이라 하겠다. 이 시대는 신록에 있어서 불행히 짧다. 어떤 나무에 있어서는 혹 2, 3주일을 셀 수 있으나, 어떤 나무에 있어서는 불과 3, 4일이 되지 못하여, 그의 가장 아름다운 시절은 지나가 버린다.

그러나 이 짧은 동안의 신록의 아름다움이야말로 참으로 비할 데가 없다. 초록이 비록 소박(素朴)하고 겸허(謙虛)한 빛이라 할지라도, 이러한 때의 초록은 그의 아름다움에 있어, 어떤 색채에도 뒤서지 아니할 것이다. 예컨대, 이러한 고귀한 순간의 단풍(丹楓) 또는 낙엽송(落葉松)을 보라. 그것이 드물다 하면, 이즈음의 도토리, 버들, 또는 임간(林間)에 있는 이름 없는 이 풀 저 풀을 보라 그의 청신한 자색(姿色), 그의 보드라운 감촉, 그리고 그의 그윽하고 아담(雅淡)한 향훈(香薰), 참으로 놀랄 만한 자연의 극치(極致)의 하나가 아니며, 또 우리가 충심으로 찬미하고 감사를 드릴 만한 자연의 아름다운 혜택의 하나가 아닌가?

- 사시 : 한 해의 네 계절, 곧 봄 · 여름 · 가을 · 겨울
- 만산 : 모든 산 표현
- 녹엽 : 푸른 나뭇잎
- 풍성 : 넉넉하고 많이
- 경이 : 놀라 이상스럽게 여김, 또는 놀라움
- 녹음 : 푸른 잎이 우거진 나무 그늘, 취음(翠陰)
- 빈한(貧寒)하여 : 살림이 구차하고 가난하여, 빈궁(貧窮)
- 군속(群俗) : 번잡한 세속의 무리
- 고고(孤高) : 혼자만 유달리 고상함
- 선골(仙骨) : 세속을 초월한 신선 같은 기질과 풍모
- 괴팍하다 : 성미가 까다롭고 붙임성이 없고, 고집이 세다.
- 갑남을녀(甲男乙女) : 평범한 사람들. 필부필부(匹夫匹婦), 장삼이사(張三李四), 초동급부(樵童汲婦), 우부우부(愚夫愚婦)
- 세속 : 이 세상, 범속한 세상

- 오욕칠정(五慾七情) : 사람의 다섯 가지 욕망과 일곱 가지 감정. 인간의 온갖 욕망과 감정을 통틀어 일컫는 말. 오욕 : 재욕(財慾), 색욕(色慾), 식욕(食慾), 명예욕(名譽慾), 수면욕(睡眠慾). 칠정 : 희(喜), 노(怒), 애(哀), 락(樂), 애(愛), 오(惡), 욕(欲)
- 영일(寧日) : 걱정 없이 평안한 날
- 비소(卑小)하고 : 보 잘 것 없이 작고
- 주객일체(主客一體) : 주체인 '나'와 객체인 '자연'이 한 덩어리가 됨. 물심일여, '물'은 객체로 자연, '심'은 주체로, 곧 자연과 내가 하나로 합치된 경지
- 현요(眩耀) : 눈이 부시게 빛나고 찬란함
- 무념무상(無念無想) : 무아(無我)의 경지에 이르러 일체의 상념이 없음
- 무장무애(無障無礙) : 마음에 아무런 집착이 없는 평온한 상태
- 고갈(枯渴) : 물이 바짝 마름. 구하는 물건이나 자금 등이 딸려서 없는 상태
- 유열(愉悅) : 유쾌하고 즐거움
- 오욕(汚辱) : 더럽히고 욕되게 함
- 상극(相剋) : 두 가지 요소가 잘 어울리지 않고 충돌함, 오행설에 있어서 쇠는 나무, 나무는 흙, 흙은 물을, 물은 불, 불은 쇠를 이김을 말함.
- 고양 : 한 차원 높은 단계로 끌어올림
- 청탁 : 맑고 흐림, 사물이나 사리의 좋고 나쁨, 옳고 그름 등을 비유하여 이르는 말. 여기서 '청'은 좋아함. '탁'은 싫어함의 뜻
- 삼복염천(三伏炎天) : 여름의 몹시 더운 날씨. 삼복은 초복, 중복, 말복
- 취사(取捨) : 가려서 쓸 것은 쓰고 버릴 것은 버림
- 여지없다 : 더할 나위가 없다.
- 세례 : 기독교에 입교하는 이에게 죄악을 씻는 표시로 행하는 의식, 여기서는 쏟아지는 비난, 공격, 제재 따위를 비유하여 쓰는 말
- 청신(清新) : 깨끗하고 산뜻함

- 발랄하다 : 활발하게 약동하는 모양
- 소박 : 꾸밈이나 거짓이 없이 생긴 그대로의
- 담록(淡綠) : 엷은 녹색
- 겸허하다 : 겸손하게 자신을 낮추어 교만함이 없다.
- 향훈(香薰) : 향기로운 냄새
- 극치 : 극단에 이름
- 충심(衷心) : 속에서 우러나오는 참된 마음
- 찬미 : 아름다운 덕을 기림. 기리어 칭송함
- 봄, 여름, 가을, 겨울 두루 사시(四時)를 두고 자연이 우리에게 내리는 혜택에는 제한이 없다. 자연이 우리에게 주는 혜택은 물질적인 것과 정신적인 것으로 나누어지는데 여기에서는 정신적인 것을 말한다. 지은이의 자연에 대한 예찬적 자세가 나타난 구절로 사계절을 '봄, 여름, 가을, 겨울'로 나누어 열거함으로써 보다 실감 있게 표현하였다.
- 나날이 새로운 경이를 가져오는 이 언덕 저 언덕 : 자연의 신비로운 변화에 대한 경이감을 표현한 구절로 나날이 푸르름을 더해 감으로써 우리에게 감탄과 놀라움을 주는 5월의 언덕. 신록이 나날이 푸르러 가는 모양을 감각적으로 표현하였다.
- 우리가 비록 빈한하여 가진 것이 없다 할지라도, 우리는 이러한 때 모든 것을 가진 듯하고, 우리의 마음이 비록 가난하여 바라는 바, 기대하는 바가 없다 할지라도, 하늘을 달리어 녹음을 스쳐 오는 바람은 다음 순간에라도 곧 모든 것을 가져올 듯하지 아니한가? 5월의 자연이 주는 혜택을 '정신적 풍요'와 '새로운 희망'으로 제시한 구절로 대조법과 대구법을 통하여 표현하였다. '마음이 비록 가난하여 바라는 것이 없다'는 것은 구태여 욕심을 부리지 않더라도 바람이 모든 정신적 풍요를 가져다 줄 것임을 말하는 구절이다.
- 물론, 나에게 멀리 군속(群俗)을 떠나 고고(孤高)한 가운데 처하기를 원하는 선골(仙骨)이 있다거나, 또는 나의 성미가 남달리 괴팍하여 사람을 싫어한다거나 하는

것은 아니다. : 물론 내가 조그마한 소나무 그루터기에 앉아 있기를 좋아하는 것은 유별난 인간이어서가 아니다. 즉 '선골(仙骨)'과 '괴팍한 성미'는 남달리 특별한 사람을 뜻한다.

- 기쁨의 속삭임이 하늘과 땅, 나무와 나무, 풀잎과 풀잎 사이에 은밀히 수수(授受)되고 : 신록을 스치는 향기로운 바람 또는 나뭇잎이 부대끼는 소리 등, 맑고 은은한 소리들을 '하늘·땅→나무→풀잎'의 순으로 서로 주고받는다는 뜻으로, 자연에 감정 이입하여 생명력 있게 표현하였으며 시각적 심상을 청각적으로 바꾸는 공감각적 표현이 쓰였다.

- 세속에 얽매여, 머리 위에 푸른 하늘이 있는 것을 알지 못하고, : '우물 안의 개구리'처럼 '좁은 시야로 사는 삶'을 뜻하는 말. 좌정관천(坐井觀天), 정저지와(井底之蛙). 이해 타산에 밝고 물욕에 이끌리는 생활. '세속'과 '푸른 하늘'이 대조를 이룬다.

- 신록은 먼저 나의 눈을 씻고, 나의 머리를 씻고, 나의 가슴을 씨고, 다음에 나의 마음의 구석구석을 하나하나 씻어낸다. : 신록을 대하면 그 청량한 빛깔에 온갖 잡념이 사라져서 마음이 상쾌해진다는 뜻. 신록이 자기와 하나로 동화되어 감을 감각적으로 표현한 구절로 사람의 마음을 정화(淨化)시켜 주는 신록의 힘을 '눈→머리→마음'으로 점층시킨 표현이다.

- 주객일체, 물심일여라 할까 : 나 자신이 곧 자연이요, 자연이 곧 나라고 생각하는 관념적인 경지, 곧 나와 자연이 합일된 경지, 나의 심성(心性)과 사물이 하나로 합치된 경지로 자연 속에 완전히 몰입된 상태를 표현, 몰아지경, 망아지경을 말한다.

- 모든 것을 잊고, 모든 것을 가진 듯이 행복스럽고 : '세속적인 탐욕에서 오는 모든 고통을 잊고, 세상의 모든 것을 소유한 듯이 행복스럽고'의 뜻. 앞의 '모든 것'은 세속적인 번뇌와 고통, 뒤의 '모든 것' 정신적 측면에서 이 '모든 것'이다.

- 나의 마음의 상극(相剋)과 갈등(葛藤)을 극복하고 고양(高揚)하여, 조화 있고 질서 있는 세계에까지 높인 듯한 느낌을 가질 수 있다. : 세속적인 고뇌와 번민을 극복하고 높은 정신적 경지에 도달하였음을 표현한 구절. '상극과 갈등'과 '조화 있고

질서 있는 세계'가 대조적이다.

- 초록에 한하여 나에게는 청탁이 없다. : 초록이라면 나는 어떤 것은 좋아하고[청(淸)], 어떤 것은 싫어하는[탁(濁)] 일이 없다. 즉 모든 초록을 다 좋아한다.

- 초록에도 짧으나마 일생이 있다. : 신록도 짧지만 '신생→성장→쇠퇴[유년→소년→청년→장년→노년]'의 과정을 거치게 된다. 즉 초록은 인간의 생애에 비유했다.

- 그의 청춘 시대—움 가운데 숨어 있던 잎의 하나 하나가 모두 형태를 갖추어 완전한 잎이 되는 동시에, 처음 태양의 세례를 받아 청신하고 발랄한 담록(淡綠)을 띠는 시절이라 하겠다. : '—'은 '그의 청춘 시대'를 부연 설명하는 것으로, 신록의 청춘 시대는 움이 형태를 갖추어 완전한 잎이 되고, 담뿍 내리 비치는 햇볕을 받아 즉 '자연의 은총'을 받아 깨끗하고 산뜻한 잎이 되는 때라 볼 수 있다.

- 초록이 비록 소박하고 겸허한 빛이라 할지라도 : 초록이 비록 화려하고 찬란한 색채를 띠지는 않는다 할지라도

- 놀랄 만한 자연의 극치 : 지은이의 자연에 대한 예찬적 자세가 표현된 것으로 자연의 아름다움이 최고의 경지에 이르러 더없이 아름다운 상태.

문법과 표현

- 비록 -(으)ㄹ지라도
  — 우리가 비록 빈한하여 가진 것이 없다 할지라도…….

- -는 바
  — 우리의 마음이 비록 가난하여 바라는 바, 기대하는 바가 없다 할지라도.

- -(이)래야
  — 나의 자리래야 솔밭 사이에 있는, 겨우 걸터앉을 만한 조그마한 소나무이다.

●-에 지나지 못하지마는

  —소나무 그루터기에 지나지 못하지마는, 시간의 여유가 있을 때마다 이 자리를 찾아

  올라와 앉아 있기를 좋아한다.

●-지 않을 수 없다

  —자연에 곁눈을 팔지 않을 수 없다.

  —기쁨의 노래에 귀를 기울이지 아니할 수 없게 된다.

●될 수 있으면

  —될 수 있으면 이러한 때를 타서 자연과 한 가지로 숨쉬고 느끼고 싶다.

●-(이)라/는다 할까

  —물심일여라 할까, 현요하다 할까, 이러한 때 나는 모든 것을 잊고 모든 것을 가진

  듯이 행복하다.

●-(이)라 하겠다

  —울창한 잎으로 그늘을 짓는 때를 그의 장년 내지 노년이라 하겠다.

  —청신하고 발랄한 담록을 띠는 시절이라 하겠다.

※ 문장에서 줄표(-)의 기능

●문장 중간에 앞의 내용에 대해 부연하는 말이 끼어들 때 쓴다.

  : 그 신동은 네 살에—보통 아이 같으면 천자문도 모를 나이에 — 벌써 시를 지었다.

●앞의 말을 정정 또는 변명하는 말이 이어질 때 쓴다.

  : 어머님께 말했다가 — 아니 말씀드렸다가 — 꾸중만 들었다.

  : 이건 내 것이니까 — 아니, 내가 처음 발견한 것이니까 — 절대로 양보할 수가 없다.

●이미 말한 내용을 다른 말로 부연하거나 보충함을 나타낸다.

: 나의 마음의 모든 띠끌─나의 모든 욕망과 굴욕과 고통과 곤란이─······.

• 지시어를 강조할 때

: 청춘의 이상 이것이야말로 인생의 부패를 방지하는 소금이다.

이해하기

(1) 5월의 자연은 어떻습니까?

(2) 작가가 매일 찾는 곳은 어디이며, 그 곳을 작가는 어떻게 묘사하고 있습니까?

(3) '갑남을녀(甲男乙女)의 하나'는 무슨 뜻입니까?

(4) 세속에 얽매인 사람이란 어떤 사람입니까?

(5) 작가와 신록은 어떤 관계에 있다고 할 수 있습니까?

(6) '초록의 일생'을 간단히 설명하면 무엇입니까?

(7) '초록'을 평가하는 태도는 어떻습니까?

(1) 이 글에서 가장 마음에 드는 문장을 고르고 그 이유를 설명하십시오.

(2) 이 글을 통해서 느낄 수 있는 것은 무엇입니까?

(3) 마음의 상극(相剋)이나 갈등을 극복할 수 있는 좋은 방법을 이야기해 봅시다.

(4) 이 글의 교훈은 무엇입니까?

(5) 이 글을 비판해 보십시오.

(1) 이 글의 내용 문단을 나누고 줄거리를 요약하십시오.

(2) 좋아하는 계절을 삶의 자세와 연관지어 수필을 쓰십시오.

수필 이해하기

이해와 감상

　「신록예찬」은 인간과 자연의 관계를 내용으로 한 글이다. 작자는 이 글에서 자연 친화적인 자세로 대상에 접근하고 있다. 표면적으로는 자연의 혜택과 아름다움을 예찬하고 있으면서도 그 속에는 세속적인 삶의 태도를 반성하도록 촉구하는 내용을 포함하고 있다. 소재의 특성과 지은이의 태도가 잘 조화되어 독자에게 교훈을 주기에 충분한 글이다.

　이 글에서 자연은 삶의 환경으로서의 자연이 아닌 예찬의 대상이므로 상대적으로 인간의 가치가 자연에 비해 보 잘 것 없는 존재로 나타나고 있다. 자연과 인간의 조화로운 조응이 현대적 삶의 한 과제임을 생각할 때 지은이의 자연에 대한 일방적인 예찬의 자세는 일면적인 것으로, 우리는 자연을 극복하려는 태도와 자연에 귀의하려는 태도를 조화시켜 현실적인 삶에 충실을 기해야 하겠다.

　1947년 을유문화사에서 간행된 『이양하수필집』에 수록되어 있다. 이 수필은 「푸르스트의 산문」, 「페이타의 산문」 등과 같이 인생과 자연을 직관하고 개인적인 상상으로 의미를 응집하는 개인적 수필의 전형을 이루고 있는 작품이다. 이 세 작품은 수필의 한 전범으로 고등학교의 『국어』나 『문학』 교과서에 여러 번 수록되고 있을 정도로 유명하다.

　이양하는 시적 대상을 직관적 상상력으로 그 의미를 확대하여 자연을 인생과 대응하면서 수필을 통찰과 달관의 관조의 미학으로 승화시키고 동양적인 직관의 미학을 정립하고 있다. 「신록예찬」은 이런 이양하 수필의 전형으로 신록의 아름다움과 그 신록이 주는 삶의 의미를 성찰하고 있다.

「신록예찬」은 신록의 신선한 아름다움, 나의 생활과 신록의 의미, 초록에 비치는 찬탄 등 3단계 구성으로 된 수필로, 자연에 몰입하여 인생을 관조하는 동양적 직관을 잘 구사하였고, 간결하고도 운율적인 문장으로 표현하고 있다.

자연이 우리에게 주는 혜택에는 제한이 없다는 간결한 서두로 시작하여 "그중에서 봄과 여름이 혜택이 많고 그 가운데서도 봄, 봄 가운데에서도 만산(萬山)에 녹음이 싹트는 이 때일 것이다"라고 대상의 초점을 향해 좁혀 가는 기법에 압도된다. 다음으로 "나는 역시 사람 사이에 처하기를 즐거워하고, 사람을 그리워하는 갑남을녀(甲男乙女)의 하나요, 또 사람이란 모든 결점이 있음에도 불구하고, 역시 가장 아름다운 존재의 하나라고 생각한다"라고 신록에 몰입하여 인생을 관조한다.

이와 같이 성정이 깊고 차분해서 겉으로 드러나지 않는 경지에 이른 것을 표현하고 있어서 개인적인 수필의 백미(白眉)가 되고 있다.

이런 관조의 미학으로 청빈낙도(淸貧樂道)의 천리를 터득한 「나무」, 국화의 의미와 그 표상을 그린 「무궁화」 등 이양하 수필은 김진섭(金晉燮) 등의 사회적 수필과 한국 수필의 2대 주류(主流)를 이루고 있다.

- 출처 : 한국민족문화대백과사전

- 작자 : 이양하(李敭河)
- 형식 : 경수필 · 서정적 수필
- 성격 : 주정적 · 관조적 · 낭만적 · 예찬적 · 사색적 · 감각적 · 묘사적
- 문체 : 만연체 · 우유체

- 제재 : 5월의 신록

- 주제 : 신록의 혜택과 아름다움

- 표현 : 담담한 필치의 사색적인 글로, 인간과 자연을 조감하면서 인생을 이야
  기한 명상적·긍정적인 삶의 태도가 드러나며, 서정성이 담긴 낭만적인 글로
  비유법과 대조법을 구사하여 표현의 묘미를 살렸으며, 자연을 소재로 하여
  자연에 몰입하는 친화적 태도를 보이고 있다.

- 구성 : 기·승·전·결 구성

  기 : 5월의 자연이 주는 혜택(처음~가져올 듯하지 아니한가?)

  승 : 자연에의 동화(오늘도 하늘은~노래하고 싶은 마음을 억제할 수가 없다.)

  전 : 신록의 힘(그리고 또, 사실 이 즈음의~높인 듯한 느낌을 가질 수 없다.)

  결 : 신록의 아름다움(그러기에, 초록에 한하여~끝)

- 문장의 성격

  ① 감상적 : 슬픔의 정조를 자아냄

  ② 낭만적 : 서정적이며 이상적인 내용, 꿈과 동경, 이국적 정취, 전원적임

  ③ 비판적 : 어떤 사실이나 문제에 대해 문제점을 들어 비평함

  ④ 풍자적 : 어떤 사실을 슬며시 돌려 간접적으로 비판함

  ⑤ 해학적 : 악의 없는 익살이 나타남

  ⑥ 관조적 : 냉정하게 객관적으로 사물을 직시함

  ⑦ 사색적 : 사물의 이치를 따지어 깊이 생각함

  ⑧ 사실적 : 있는 그대로를 충실하게 그리는 것

  ⑨ 회고적 : 옛일을 돌이켜 생각하는 것으로 추억, 또는 회고를 가리킴

　　이양하(李敭河, 1904~1963. 2. 4) 수필가. 영문학자. 평남 강서(江西) 출생. 일본 도쿄[東京]대학 영문과를 졸업하고 동 대학원을 수료, 서울대학 문리과대 교수를 역임하였다. 그의 수필은 대개 자연이나 생활 자체에서 그 소재를 구한다. 자연 예찬적 성격의 글이거나 혹은 자연과 인간과의 관계를 세심한 관찰을 통해 포착하여 낸다. 대표작으로 「나무」, 「신록예찬」, 「나무의 위의」 등의 수필이 있다.

한국인이 좋아하는 시[2]

꽃

김춘수

내가 그의 이름을 불러 주기 전에는
그는 다만
하나의 몸짓에 지나지 않았다.

내가 그의 이름을 불러 주었을 때
그는 나에게로 와서
꽃이 되었다.

내가 그의 이름을 불러 준 것처럼

---

2) 김춘수의 「꽃」과 정지용의 「향수」에 대한 내용은 'http://www.seelotus.com'에서 일부 옮겨왔다.

나의 이 빛깔과 향기(香氣)에 알맞은

누가 나의 이름을 불러다오.

그에게로 가서 나도

그의 꽃이 되고 싶다.

우리들은 모두

무엇이 되고 싶다.

너는 나에게 나는 너에게

잊혀지지 않는 하나의 의미가 되고 싶다.

─『꽃의 소묘(素描)』, 백자사, 1959.

이야기해 봅시다

(1) '꽃'이 의미하는 것은 무엇이라고 생각합니까?

(2) 이 시를 읽고 어떤 느낌이 듭니까?

(3) 여러분이 쓴 시를 발표하고 다른 사람들의 감상을 들어 봅시다.

작 문

(1) 감상문을 써 보십시오.

(2) 구체적 대상물에 '본질적 존재'를 비유하여 시를 써 봅시다.

- 이름 : 허무로부터 존재를 이끌어내 줄 수 있는, 본질을 규정하는 것
- 꽃 : 이름의 명명을 통해 존재성을 갖게 된 본질
- 빛깔과 향기(香氣) : 본질적인 요소
- 무엇 : 본질에 맞는 이름을 가지고 있는 어떠한 존재를 지시
- 의미(意味) : '꽃', '사랑' 등 여러 번의 퇴고를 거친 시어로 존재의 본질을 뜻한다.
- 내가 그의 이름을 ~ 지나지 않았다. : 내가 '그'에게 의미를 부여하지 않았을 때, 즉 내가 그의 이름을 불러 그의 존재를 인식하기 전에는 그는 나에게 무의미한 사물에 불과 했었다. 이름을 부르는 것은 존재에 대한 인식이자, 그 본질을 밝히는 행위가 된다.
- 하나의 몸짓 : 존재에 대한 인식이 이루어지기 이전의 무의미한 사물을 뜻한다.
- 내가 그의 이름을 ~꽃이 되었다. : 내가 그의 존재를 깨닫고 그에게 의미를 부여했을 때, 그는 비로소 '꽃'이라는 형상물이 되어 나와 의미 있는 관계를 이루게 되었다.
- 내가 그의 이름을 불러 준 것처럼 : 그의 가치를 인정하고 그 가치와 본질에 맞는 의미를 부여하였듯이
- 빛깔과 향기(香氣) : 사물의 본질을 의미
- 누가 나의 이름을 불러 다오. : 누군가에게 존재의 가치를 인정받고 싶다.
- 그에게로 가서 나도 / 그의 꽃이 되고 싶다. : 그 누군가에게 의미 있는 존재가 되고 싶다.
- 우리들은 모두 / 무엇이 되고 싶다. : 의미 없는 존재, 즉 아무런 가치가 없는 무(無)의 존재에서 본질에 따라 가치를 인정받는 존재가 되고 싶다.
- 너는 나에게 ~의미가 되고 싶다. : 서로가 서로에게 존재의 의미가 될 수 있는 관계가 형성되기를 소망한다. 이는 곧 사랑의 관계를 뜻한다고도 볼 수 있다.

시 이해하기

이해와 감상 1

이 작품은 상당히 까다로운 철학적·관념적 문제를 다루고 있다. 그 문제란 세상의 수많은 사물과 그 이름 및 의미의 관계에 대한 것이다. 제1, 2연이 특히 이 점에서 중요하다.

세상에는 많은 사물들이 있다. 그러나 그 사물들이 원래부터 어떤 이름과 의미를 가졌던 것은 아니다. 이름이란 누군가가 사물과 관계를 맺으면서 그것을 다른 것들로부터 구별하고자 해서 '붙이는' 것이다. 이렇게 이름을 붙임으로 해서 사물과 거기에 이름을 붙인 사람 사이에는 어떤 관계가 생기고, 그 관계가 곧 그들 사이의 '의미'가 된다. 따라서 아직 이름이 붙여지지 않은 사물은 이름이 없는 동시에 어떤 다른 존재(사람)에게 아직 의미가 없다고 말할 수 있다. 그것은 단지 그 자체로 존재하는 사물에 지나지 않는다. 이 작품에서 시인이 말하고 있는 것은 이런 생각이다. 그것을 말하기 위하여 꽃이라는 사물을 선택하였다.

제1연이 말하듯이 꽃은 내가 이름을 불러 주기 전에는 다만 저 혼자 있는 하나의 몸짓에 지나지 않았다. 그것은 그저 수많은 이름 없는 사물의 하나였을 따름이다. 그런 사물에 대해 내가 '꽃'이니 '장미'니 '코스모스'니 하는 이름을 불러 주었을 때 비로소 그것은 '나에게로 와서' 즉, 나와의 관계 속에서 꽃이 되었다. 그러므로 이름을 붙이는 일은 사물이 의미를 가지도록 하는 일이라는 것이다.

이러한 생각을 이해하면 제3, 4연도 자연스럽게 풀릴 수 있다. 그 내용은 내가 어떤 사물에게 꽃이라는 이름과 의미를 주었듯이 나에게도 누가 알맞은 이름과 의미를 달라는 것이다. 제4연에서 그것은 우리 모두가 서로에 대해서 무엇인가 의미 있는 존재가 되고 싶다는 소망으로 확대된다. 여기서 그가 말하는 '이름'이란 김 아무개, 이 아무개 하는 관습적인 이름이 아니라, 사람들이 서로의 참된 모습과 가치를 이해하면서 서로에게 부여해 주는 '진정한 이름'이다. 다시 말하여, 시인은 틀에 박힌 관습적 관계를 넘어서 사물과 사람 사이, 사람과 사람 사이에 맺어져야 할 진정한 관계, 진정한 사랑, 진정한 이름, 진정한 의미 등에 대한 소망을 노래한 것이다. 그 간절한 소망은 제3, 4연의 호소하는 듯한 어조에도 나타난다.

– 김흥규

이해와 감상 2

한국시사에서 꽃을 제재로 한 시는 이별의 정한을 노래하기 위한 소재로 꽃을 파악한 것이거나, 심미적 대상으로서 꽃을 다룬 것이 대부분이다. 그러나 이 시에서는 존재론적 차원에서 '꽃'을 다루고 있어, 그만큼 심도가 깊다. 여기서 꽃은 하나의 구체적인 실재하는 대상이라기보다는 시인의 관념을 대변하는 추상적 존재라 할 수 있다.

존재 탐구의 시인 김춘수의 면모를 여실히 드러낸 이 시는 서정성이 일체 배제된 관념적이고 주지적인 작품이다. 처음엔 무의미의 관계였던 '나'와 '그(너)'가 '이름을 불러 주는' 상호 인식의 과정을 통해, 서로는 서로에게 '꽃'이라는 아름답고 소중한 존재로 변모하게 되고, 마침내는 영원히 '잊혀지지 않는 하나의 의미' 있는 존재인 '꽃'이 될 수 있음을 암시하고 있다. 따라서 '명명(命名)' 행위는 사물의 본질을 포착하고, 그것을 실재적인 형상으로 표현해 내는 작업을 뜻하게 된다. 이것은 언어를 '존재의 집'으로 파악한 하이데거의 명제와 비슷한 시적 발상으로 이해할 수 있다.

존재를 조명하고 그 정체를 밝히려는 이 시는 주체와 객체(대상)가 주종(主從) 관계가 아닌, 상호 주체적 '만남'의 관계로 형성되어 있다. 모든 존재는 익명(匿名)의 상태에서는 고독하고 불안하다. 그러므로 이름이 불려지지 않은 상태[존재를 인식하기 전]에서는 자신의 본질을 드러내고 존재하는 것이 아니기 때문에 우리는 아무에게서나 자신의 이름이 불려지기를 원하는 것이다. 명명(命名)이라는 과정이 있기 전까지는 참다운 의미에서 존재하는 것이 아닌, 부재(不在)의 존재였던 '꽃'이 이름을 불러 주는 나와 관계를 맺음으로써 비로소 존재의 양태를 지니게 되며, 반대로 내 존재도 누가 나의 이름을 명명할 때에만, 부재와 허무에서 벗어나 그에게 가치 있는 존재가 된다는 것이다.

http://210.217.248.140/lyh0482/si-kimchunsu10.htm

정 리

- 지은이 : 김춘수(金春洙)
- 갈래 : 자유시·서정시·주지시·상징시
- 갈래 : 내재율
- 어조 : 사물의 존재 의미를 파악하려는 관념적·철학적·명상적·갈망적 어조
- 심상 : 비유적·상징적 심상
- 성격 : 관념적·주지적·철학적·인식론적
- 특징 : 명명(命名) 행위에 의한 인식을 바탕으로 함
- 표현 : 그저 정체불명의 대상에 지나지 않던 '그'는 호명에 의해 비로소 꽃으로 다가온다. 이것은 릴케 식의 시의 변용(變容) 곧 시적 변용이다. 시적 자아도 내가 이렇게 어느 대상을 인식해 간 것처럼 나도 누군가의 인식의 대상이 되고 싶음을 토로한다.

의미의 점층적 확대(단계적인 의미의 심화 과정을 보임), 시적 변용

　　┌ 나→너→우리
　　└ 몸짓→꽃→눈짓

● 구성 :

① 대상을 인식하기 이전의 무의미한 존재(제1연) – 기

② 명명에 의해 의미 있는 존재로 다가옴(제2연) – 승(나 – 주체)

③ 존재의 본질 구현에 대한 근원적 갈망(제3연) – 전(나 – 객체, 대상)

④ 존재의 본질 구현에 대한 소망(제4연) – 결(우리 – 객체, 주체)

● 제재 : 꽃

● 주제 : 존재의 본질 구현 소망. 존재의 본질과 의미에 대한 탐구

작가 소개

김춘수(金春洙, 1922. 11. 25～2004. 11. 29.)

경남 충무시 동호동 출생. 경지중학을 졸업하고 니혼대학교 예술과 3학년 중퇴. 통영중학교. 마산고등학교 교사. 마산대학 교수. 부산대학 연세대학(부산 분교) 강사를 거쳐 경북대학 문리대 교수.

1946년 해방 1주년기념 사화집 『날개』에 시 「애가」를 발효하면서 시작을 시작했으며, 대구지방에 발행된 동인지 『죽순』에 시 「온실」 외 1편을 발표. 첫 시집 『구름과 장미』가 발행됨으로써 문단에 등단, 이어 시 「산악」, 「사」, 「기 (旗)」, 「모나리자에게」를 발표, 문단의 주목을 받았으며 이후 주로 『문학예술』, 『현대문학』, 『사상계』, 『현대시학』 등에서 창작활동과 평론활동을 전개했다.

시집으로는 첫 시집 외에 『늪』, 『기』, 『인연(隣人)』, 『제일시집』, 『꽃의 소묘』, 『부다페스트에서의 소녀의 죽음』, 『타령조 기타』, 『처용』, 『김춘수시선』, 『남천(南 天)』, 『근역서제』, 『비에 젖은 달』, 『김춘수전집』, 『처용이후』, 『김춘수』 등과 시론집으로는 『세계현대시감상』, 『한국현대시형태론』, 『시론』 등을 간행, 그의

초기의 경향은 릴케의 영향을 받았으며, 시가 아니고서는 표현할 수 없는 사물의 정확성과 치밀성, 진실성을 추구하였으나, 50년대에 들어서면서 릴케의 형행에서 벗어나, 이른바 무의미의 시를 쓰게 되었으며 사실을 분명히 지시하는 산문적인 성격의 문장을 시의 형식으로 도입하였는데『현대시학』연재 장시 '처용단장'에서부터는 설명적 요소를 거세해버린 이미지 작품으로 변모하였다.

참고 자료

김춘수의 '무의미의 시'에 대한 시론

사생(寫生)이라고 하지만, 있는 실재(實在) 풍경을 그대로 그리지는 않는다. 대상과 배경과의 위치를 실재와는 전혀 다르게 배치하기도 한다. 말하자면 실지의 풍경과는 전혀 다른 풍경을 만들게 된다. 풍경 또는 대상의 재구성이다. 이 과정에서 논리가 끼어 들게 되고, 자유 연상이 개입된다. 논리와 자유 연상이 더욱 날카롭게 간여하게 되면 대상의 형태는 부서지고, 마침내 대상마저 소멸한다. 이리하여 무의미의 시(詩)가 탄생한다.

그에 의하면 의미는 산문에 보다 어울리지만 무의미는 시의 형식에만 알맞다고 생각하였다. 그렇기에 무의미는 산문으로부터 완전히 독립되는 시 고유의 영역임을 주장한다. 이것은 의미의 시에 익숙했던 우리의 전통적인 시관에 도전한 것이었다. 또한 사물에 대한 일체의 판단이나 선입관을 중지하는 방식을 통하여 의미 해체 작업을 진행하였다. 그의 60년대 시「처용」,「처용 단장」,「샤걀의 마을에 내리는 눈」은 이런 대표적인 작품의 예이다.

'꽃'에 나타난 작가의 존재론

이 시는 사랑하는 사람들 사이에 널리 애송되는 시이다. 너와 나를 연인 관계에 놓인 사람으로 대치하여, 서로에게 의미 있는 사람이 되고자 한다는 사랑의 감정을 표현하고 있다고 해석한다. 그러나 이 시는 이런 평범한 연애시의 범

주에 안주하고 있는 작품이 아니다. 이보다는 더 넓은 의미를 가진 인간 존재의 본질을 시적 언어로 형상화하고 있는 작품이다. '하나의 몸짓'에 불과했던 의미 없는 것에서, 상호 인식을 통하여 의미 있는 것, 또는 존재의 가치를 확인할 수 있다는 진리를 형상적으로 보여 주고 있는 시이다.

일찍이 하이데거는 인간의 이런 존재 인식의 수단을 언어라고 말한 바 있다. 즉, 언어를 '존재의 집'으로 파악한 것이다. 여기서 언어라는 것은 단순한 일상어가 아니다. 그것은 일상어의 가장 정제된 형태로서의 시적 언어를 가리킴은 물론이다. 아울러 이 말은 인간이 시 또는 시적 언어를 통하여 자기 존재를 표현한다는 말이다.

향수(鄕愁)

정지용

넓은 벌 동쪽 끝으로
옛이야기 지줄대는 실개천이 휘돌아 나가고,
얼룩백이 황소가
해설피 금빛 게으른 울음을 우는 곳,
―그 곳이 참하 꿈엔들 잊힐리야.

질화로에 재가 식어지면
뷔인 밭에 밤바람 소리 말을 달리고
엷은 졸음에 겨운 늙으신 아버지가
짚벼개를 돋아 고이시는 곳
―그 곳이 참하 꿈엔들 잊힐리야.

흙에서 자란 내 마음
파아란 하늘 빛이 그립어
함부로 쏜 화살을 찾으려
풀섶 이슬에 함추름 휘적시던 곳,
―그 곳이 참하 꿈엔들 잊힐리야.

傳說 바다에 춤추는 밤물결 같은
검은 귀밑머리 날리는 어린 누의와
아무렇지도 않고 예쁠것도 없는
사철 발 벗은 안해가

따가운 햇살을 등에 지고 이삭 줏던 곳,
—그 곳이 참하 꿈엔들 잊힐리야.

하늘에는 성근 별
알 수도 없는 모래성으로 발을 옮기고,
서리 까마귀 우지짖고 지나가는 초라한 집웅,
흐릿한 불빛에 돌아 앉어 도란 도란거리는 곳,
—그 곳이 참하 꿈엔들 잊힐리야.

이야기해 봅시다

(1) 이 시를 읽고 어떤 느낌이 듭니까?

(2) 어떤 경우에 '향수(鄕愁)'를 느낍니까?

(3) 향수를 달래는 방법을 이야기해 봅시다.

향수

정지용 작시
김희갑 작곡
이동원, 박인수 노래
박경미 편곡

함부로쏜화살을 찾으러— 풀섶이슬에 함추름휘적시던 곳 그곳이차마꿈엔
들 — 잊—힐 리 야 전 —설바다에—춤추는 밤물결같은— 검
—은 귀밑머리— 날리 는 어린누이와 아 —무렇지도 않고 예쁠것도없는 사 — 철
발—벗은아—내가— 따 가운 햇—살을— 등에지고이삭줏던 곳 — — — 이 곳
이 차마 꿈—엔들잊힐리 —야 — 우 — — 하늘에
는 성근 별 — — — 알수도 없는—모 래성으로 발을옮 기고— 서리까마귀 우 지 짓 고
지나가는— 초 라 한 지붕 흐릿한 불 — 빛 에 돌아앉 아 도란도란거리는곳 — — 그곳
이 차 마 꿈—엔들— 꿈—엔들— 잊—힐 리
꿈— 엔들 — 꿈—엔들 —
아 —

(1) '향수(鄕愁)'를 무엇에 비유하여 표현할 수 있습니까? 2~3문장으로 써 보십시오.

(2) '향수(鄕愁)'를 제목으로 서정적인 글을 써 보십시오.

- 옛이야기 지줄대는 실개천 : 옛 마을이 유서 깊은 전설의 터전임을 암시
- 황소 : '온순, 평화, 한가로움'의 이미지
- 해설피 : 소리가 느릿하고 길며 약간 슬픈 느낌이 드는 것을 가리키는 말
- 금빛 게으른 울음 : 공감각적 표현(청각→시각)
- 해설피, 게으른 : 농촌의 한가함을 대변해 준다.
- 질화로, 짚벼개 : 전형적인 농가의 방안 환기
- 질화로에 재가 식어지면 : 시간의 경과
- 밤바람 소리 말을 달리고 : 활유(의인화), 바람이 분다(지나간다)
- 엷은 졸음 : 살포시 든 졸음을 감각화한 표현
- 아버지 : '자애'의 이미지
- 짚벼개 : '휴식'의 이미지
- '흙에서 자란 내 마음'과 '파아란 하늘 빛' : 현실과 이상 사이의 조응
- 함부로 쏜 화살 : 상승적(上昇的) 지향성과 함께 유년기의 순수
- 풀섶 : 풀이 많이 난 곳
- 이슬 : '청신함'의 이미지
- 함초롬 : 가지런하고 고운 모양
- 전설 바다에 춤추는 밤물결 : 역동적 심상 원관념은 '검은 귀밑머리'
- 아무렇지도 않고 예쁠 것도 없는 : 평범한
- 사철 발 벗은 아내 : 가난을 암시
- 누이 : '이상(理想), 깨끗하고 때묻지 않은 순결'의 이미지
- 아내 : '현실, 생활과 속세'의 이미지
- 성긴 별 : 드문드문 돋아난 별
- 서리 까마귀 : 가을 까마귀
- 서리 까마귀 우지짖고 : 황량하고 싸늘한 초겨울의 분위기

- 불빛에 돌아 앉어 도란 도란거리는 : 집안의 따뜻한 분위기
- '서리 까마귀 우지짖고'와 '불빛에 돌아 앉어 도란 도란거리는'의 대조
- 초라한 집웅 : 가난을 암시

시 이해하기

이해와 감상

정지용의 초기시의 하나로서, 1930년대 이미지스트의 시풍과는 달리 고향에 대한 회상과 그리움을 주정적(主情的)으로 노래했다.

그는 충북 옥천(沃川)에서 태어나 자랐는데, 도쿄에 유학하던 1923년경에 이 작품을 썼다고 한다. 작품에서 그리고 있는 공간은 당시의 우리나라 어디에서나 볼 수 있는 전형적인 농촌이며, 그 속에 등장하는 인물들 또한 대다수의 한국인들에게 보편적인 가족의 모습이다. 그런 뜻에서 이 작품은 특정한 개인의 체험을 넘어서서 한국인이 지닌 향수의 보편적 영상으로 수용될 만하다.

작품은 모두 다섯 부분으로 나뉘는데, 각 부분마다 고향의 모습을 회상하는 연이 먼저 오고 '― 그곳이 차마 꿈엔들 잊힐리야'라는 독백이 이어짐으로써 간절한 그리움을 반복적으로 표현하고 있다. 이러한 반복의 수법은 무척 단순한 것이지만, 그 어떤 복잡한 기교보다도 절실하게 시인의 심경을 나타내 준다.

다섯 부분의 구성은 순탄하고 자연스러우면서도 교묘하다. 첫째, 셋째, 다섯째 부분은 포근함과 아름다운 꿈이 서려 있는 고향의 모습이다. 둘째, 넷째 부분은 가난하고 고단한 삶의 모습이 담긴 고향을 보여 준다. 작품 전체는 결국

이 두 가지 빛깔로 채색된 고향의 모습이 차례로 엇갈리면서 전개되는 것이다.
그리고 그 모두가 사랑스럽고 그리운 삶의 원천으로 절실하게 결합하는 데에
바로 시인이 노래하는 향수의 깊은 호소력이 있다.

정 리

- 주제 : 고향에 대한 회상과 그리움
- 제재 : 고향의 정경
- 성격 : 향토적·감각적·회고적·시각적—자유시·서정시
- 출전 : 『조선지광』(1927. 3)
- 표현상 특징 :
  * 시각적 이미지 중시—토속적이고 원초적인 이미지의 대상이 주로 등장됨
  * 참신하고 선명한 감각성
  * 인간의 근원적 정서의 표출—고향에 대한 그리움을 회고적 기법으로 처리
  * 서경과 서정의 교차를 통한 내적 리듬의 형성
  * 후렴구를 통한 의미의 강조(주제를 부각시킴) 및 형태상의 균형
- 시의 구성 :
  제1연 : 작품의 배경이 되는 고향 마을을 둘러싼 자연적인 공간을 제시, 넓은
  들판과 실개천의 대조—넓은 벌판과 그 벌판 동쪽 끝으로 흐르는 옛
  이야기가 얽혀 있는 실개천이 있는 곳이요, 실개천은 물장구치며 놀
  기도 하고, 고기잡이도 하던 곳이요, 그 곳은 또한 어린아이들이 잠
  자리와 메뚜기를 잡으려고 뛰어다닐 때, 얼룩백이 황소가 울음을 울
  며 지나던 곳이다. 시적 화자는 봄의 시골 모습인 벌판 실개천과 황
  소를 그리워하고 있다.
  제2연 : 겨울밤 풍경과 아버지에 대한 회고—질화로의 재가 식어지면, 문틈
  으로 찬 바람소리가 들리고, 엷은 조름에 겨운 늙으신 아버지가 짚

베개를 돋아 고이시던 방이다. 계절로 보면 겨울이다. 질화로가 있는 겨울은 여러 가지를 연상시켜 준다. 질화로에 밤을 구워 먹으면서, 옛날 이야기를 듣던 구수한 고향을 떠오르게 한다. 겨울에 즐기던 연날리기 불놀이 윷놀이 등을 그리워하는 부분이기도 하며, 동시에 늙으신 아버지에 대한 관심과 걱정은 떨어져 있는 가족에 대한 애정의 표시이기도 하다.

제3연 : 시적 화자의 유년기의 직접적인 경험 회고—고향의 흙 속에서 자란 온정이 감도는 마음, 그리운 파란 하늘, 화살놀이를 하면서 뛰놀던 풀섶 등을 그리워하고 있다. 어린 시절에 있었던 일들이다. 맑고 깨끗한 품성을 길러준 고향의 소박한 모습을 그리워하는 것이다.

제4연 : 누이와 아내에 대한 회고—고향에 있는 어린 누이와 아내를 그리워하고 있다. 시골의 향취가 물씬 풍기는 여인들의 모습이다. 궂은일에 온갖 고생을 참고 지내던 조강지처의 모습과 어린 시절을 고향에서 함께 보낸 누이를 그리워하면서 사철 발 벗은 아내가 따가운 햇살을 등에 지고 이삭 줍던 곳도 그리워하고 있다.

제5연 : 단란한 농가의 정경—하늘에 있는 별, 서리 까마귀 우짖고 지나가는 지붕과 흐릿한 불빛에 돌아앉아 도란도란 구수한 이야기를 나누던 장면은 가정의 단란함을 떠올리게 한다.

작가 소개

정지용(鄭芝溶, 1902. 5. 15~1950. 9. 25)

충북 옥천(沃川) 출생. 서울 휘문고등보통학교를 거쳐, 일본 도시샤[同志社] 대학 영문과를 졸업했다. 귀국 후 모교의 교사, 8·15광복 후 이화여자전문 교수와 경향신문사 편집국장을 지냈다. 독실한 가톨릭 신자로 순수시인이었으나,

광복 후 좌익 문학단체에 관계하다가 전향, 보도연맹(輔導聯盟)에 가입하였으며, 6·25전쟁 때 북한공산군에 끌려간 후 사망했다.

1933년 『가톨릭 청년』의 편집고문으로 있을 때, 이상(李箱)의 시를 실어 그를 시단에 등장시켰으며, 1939년 『문장(文章)』을 통해 조지훈(趙芝薰)·박두진(朴斗鎭)·박목월(朴木月)의 청록파(靑鹿派)를 등장시켰다. 섬세하고 독특한 언어를 구사하여 대상을 선명히 묘사, 한국 현대시의 신경지를 열었다. 작품으로, 시 「향수(鄕愁)」, 「압천(鴨川)」, 「이른봄 아침」, 「바다」 등과, 시집 『정지용 시집』이 있다.

– 출처 : 두산세계대백과 EnCyber

참고 자료

정지용의 시 세계와 문학사적 의의

정지용은 휘문고보 시절 박팔양 등과 함께 습작지 『요람』을 발간하는 등 일찍부터 시에 깊은 관심을 기울였다. 이후 1920년대 중반부터 모더니즘 풍의 시를 써서 문단의 주목을 받았다. 특히 이 무렵에 발표한 작품으로는 「향수」와 식민지 청년의 비애를 그린 「카페 프랑스」 같은 작품이 주목된다. 그러나 정작 정지용의 시가 문학사적으로 중요한 의미를 지니게 되는 것은 1930년대 이후이다.

1930년대 첫머리부터 그는 『시문학』의 동인으로 참여, 김영랑과 함께 순수 서정시의 개척에 힘을 썼다. 그러나 김영랑이 언어의 조탁과 시의 음악성을 고조시키는 일에 힘을 기울인 데 비해, 정지용은 거기서 한 걸음 더 나아가 새로운 표현의 방법을 개척하는 데 힘을 쏟았다. 선명한 시각적 이미지의 구축, 간결하고 정확한 언어 구사가 바로 그것이거니와, 이를 통해 그는 한국 현대시의 초석을 놓은 시인으로 평가된다.

이와 함께 그는 사상적인 면에서도 다양한 변화를 보여 주는데, 한때는 가톨릭 신앙에 기초한 신앙시를 쓰기도 했고, 1930년대 말에는 동양적 은일(隱

逸)사상에 기대어 「장수산」, 「백록담」 같은 시를 발표하여 주목을 받기도 하였다. 이처럼 다양한 시적 변모를 보여 주면서도 그의 시는 줄곧 선명한 시각적 이미지, 1930년대 말부터 『문장』지의 심사 위원으로 있으면서 정두진, 박목월, 조지훈, 김한직, 박남수 등 많은 시인들을 문단에 소개하였다. 해방 이후에는 조선 문학가 동맹에 가입하여 활동하였으며, 6·25를 전후하여 납북되어 현재 생사를 모른다. 한때 월북 시인으로 분류되어 문학사에서 다루어지지 않았으나 1988년에 해금되었다.

영화를 통해 보는 한국사회

감독 : 강제규
주연 배우 : 장동건(이진태 역)
　　　　　원빈(이진석 역)
　　　　　이윤주(영신 역)

홍성진의 영화해설[3)

한국전쟁을 배경으로 역사의 소용돌이에 휘말린 두 형제의 드라마틱한 운명을 그린 전쟁 드라마. 대규모 전투 씬을 동반한 본격 전쟁 블록버스터로서, 한국영화의 기념비적 흥행작 <쉬리> 이후 5년 여 만에 연출을 맡은 강제규 감독은 순제작비 147억(마케팅 비용 포함 170억)의 초대형 프로젝트로 제작되었다. 이념보다 처절한 생존을 위해 몸부림쳤던 두 형제의 가슴 뭉클한 이야기는 재미와 감동은 물론, 전쟁을 겪어보지 못한 전후 세대들에게 새삼 이것이 얼마나 다행스러운가를 느끼게 하며, 이러한 교훈은 분명 이 영화에 보이는 미흡한 점들을 충분히 가려주고 있다.

감독의 변. 시나리오 쓰면서 한국전쟁 관련 자료들을 볼 때다. 평소 같았으면 무심코 넘겨버렸을 스틸 한 컷, 한 컷과 동영상들을 보면서 나도 모르게 눈물을 흘렸던 기억들이 난다. 내가 그때 가슴 저며 했던 그 느낌, 그 아픔들을 내 영화 속에 고스란히 담아낼 수 있을까. 영화를 찍고 있는 매 순간마다 내가 가장 고민하는 부분이다. 우리 민족에게 가장 큰 상처를 남긴 한국전쟁. 우리는 그 전쟁의 아픔과 고통의 실체를 알아야 한다. 전쟁을 망각한다는 것은 대단히 무서운 일이다. 예상치 않게 너무 쉽게 다가와 우리의 모든 것을 앗아가 버리기 때문이다. 과거는 미래의 거울이다. 우리 민족사에 한국전쟁이 마지막 전쟁이길 간절히 소망하며 나는 지금 <태극기 휘날리며>를 찍고 있다.

영화 감상

(1) 영화 <태극기 휘날리며>를 시청하십시오.

---

3) '네이버 영화'에서 일부 발췌.

(2) 줄거리를 요약하십시오.

(3) 감상문을 쓰십시오.

감독 : 박광현
주연배우 : 정재영(인민 장교 리수화 역)
　　　　　신하균(국군 장교 표현철 역)
　　　　　강혜정(여일 역)

제작노트4)

"상상해 보셨어요?"

500년 된 시원한 정자나무 그늘
인심 좋고 천진한 마을 사람들
무공해 웰빙 옥수수와 감자

---

4) '네이버 영화'에서 일부 발췌.

즉석 멧돼지 사냥과 모닥불 멧돼지 바비큐
스릴만점 눈썰매보다 재미 따블
신나는 풀썰매를 즐길 수 있는 곳
국군도, 인민군도, 미군도
한편이 되는 무(無)적의 마을.

웃음과 감동이 있는 특별한 공간.
적도 친구가 되는 그 곳 동·막·골로
특별한 당신을 초대합니다!

모두가 민감하게만 생각했던 남과 북을 영화로 풀어낸 <태극기 휘날리며>와 <공동경비구역 JSA>가 남긴 것은 신화를 만들었던 흥행 기록의 수치만이 아니었다. 두 영화는 그 동안 잊고 살아왔던 우리 시대의 아픔을 되새기고 한국전쟁이라는 다소 무거운 이야기를 새롭게 그려 볼 수 있도록 만들어 주었다. 이러한 발판을 디딤돌 삼아 <웰컴 투 동막골>은 이제 더욱 색다르고 과감한 방식으로 2005년의 말을 전한다.

전후의 냉전시대에 <공동경비구역 JSA>가 있었다면 전쟁 중에는 "공동수호구역"인 동막골이 있었고, <태극기 휘날리며>가 한국전쟁 당시의 아픔을 이야기했다면 <웰컴 투 동막골>은 이젠 그 속에도 있었던 가슴 뭉클한 미담과 치열했던 전쟁조차도 무너뜨릴 수 없는 사람의 따스한 마음을 다시 한번 느끼게 해준다.

영화 감상

(1) 영화 <웰컴 투 동막골>을 시청하십시오.

(2) 극중 배우 한 명을 선택하여 그의 태도나 심경변화를 장면과 연관지어 설명하십시오

(3) 감상문을 쓰십시오.

(1) 두 영화에서 가장 감동적인 부분을 이야기해 봅시다.

(2) 두 영화를 여러 면에서 비교해 봅시다.

(3) 한국전쟁에 대하여 여러분은 어떻게 생각합니까?

(4) 한국전쟁이 한국사회·문화에 미친 영향과 역사적인 의미 등에 대하여 이야기해 봅시다.

태극기 휘날리며 "헐리우드 콤플렉스 극복" 호들갑
〈객원기자 김종휘의 스크린 메타비평〉『문화일보』 2004년 3월 8일

선행학습의 효과일까, 재빠른 면역 능력일까. '실미도' 마취가 덜 풀려선 지 '태극기 휘날리며'에 대한 관전평은 종전의 달 뜬 표정과 벙벙한 환호성에 비해 조금은 덤덤한 여유를 가장하고 있는 것 같다. "이대로라면 1,000만 관객 동원은 막말로 껌이다."(조은미 기자, 허스토리) 나도 일단 간땡이가 부어야 시작하지 싶다.

이쯤이면 국내 신기록은 접고 들어간다. "우리도 할리우드만큼 할 수 있다는 의지로 충천"한 '태극기 휘날리며'(남동철 기자, 씨네21)는 국외의 화답을 요구한다. 미국 영화사이트 '에인트 잇쿨'의 호평 기사, 주한미대사의 칭찬, 미국 아메리칸필름마켓(AFMA)의 환대, 아카데미 시상식 후보 가능성, 여기에 청룽(성룡)의 눈물이 가세한다.

반응이 이럴진대 배포 큰 소리를 낼 때다. "한국영화 변방에서 중심으로"(박창진 기자, 일간스포츠) 선언하고 "할리우드는 없었다"(최규성 사진부 차장, 주간한국)에 "이제 '대~한민족'을 외치자"(사설, 경향신문) 감격하면서 "스크린쿼터 고집할 필요 없다"(이진우 기자, 매일경제)고 자신감을 음미하는 것이다.

"스케일이나 기술적인 측면에서 이제껏 한국영화가 도달하지 못한 완성도"(이용관 영화평론가, 필름2.0)는 "웰메이드 한국형 블록버스터가 탄생했다"(최미현 기자, 무비위크)는 메아리로 돌고 돌아 첩첩산중의 한국영화사에 그토록 거대한 홈을 파놓았다. 이 움푹 파인 허허벌판에서 우리는 할리우드 콤플렉스에 조종을 울리고 있는 중이다.

애초부터 '태극기 휘날리며'를 둘러싼 관심은 할리우드 콤플렉스의 '국민적 심리 치료극'에 맞추어진 것 같았다. 하지만 막이 오르자 할리우드 콤플렉스의 정체는 밝힐 필요조차 없어진 듯 '극복'의 핵심은 "'볼거리'가 아니라" 바로 "역사와 가족, 그리고 상처"를 담아낸 "한국적 이야기"(이동진 영화 전문기자, 조선일보)였음이 드러난다.

그렇다면 추악한 국가주의와 노골적인 반공주의를 끈끈한 가족주의로 교체했다는 '태극기 휘날리며'의 서사를 어찌 볼 것이냐.

"전쟁터에서 구경하는 형제의 눈물은 한국영화의 첫 경험"이니 만큼 현재로선 "이게 한국 영화의 성공적인 공식이라면 굳이 손댈 이유가 있겠는가"(김영진 영화평론가, 필름2.0)는 생각이 있다.

반면에 그렇게 추출된 형제애를 "오로지 과거의 시점에 설 때에만" 가능한 "한국전쟁에 대한 과잉보상으로서의 방어적 환상"으로 읽게 되면 "철저하게 '여성'을 지워버림"으로써 완성되는 "남성적인 '거물신화'"의 "시대착오"를 노려볼 수밖에 없다.(변성찬 영화평론가, 씨네21) 이런 간극을 젠더 감수성의 차이로 보고 넘겨도 될까.

다시 출발점으로 돌아간다. 할리우드 콤플렉스는 자본과 기술의 비교가 아니라 "한국적 이야기"로서 어떻게 해소되고 있는가.

"아버지 없이 성장해서 소년의 육체로 아버지의 관념을 지고 살았던 한국 근대사의 모든 아버지들의 원형"(남재일 고려대 강사, 씨네21)을 호명하는 것으로, "이른바 '슬리핑 그룹(Sleeping Group)'으로 불려온 30대 중반~50대 관객들"(전승훈 기자, 동아일보)을 영화관으로 소환하는 것이다.

이로써 "노고를 치하받는 건 언감생심이고 정의, 개혁 운운하는 얼치기 선무당들로부터 물갈이 대상으로 찍히지 않으려 조마조마하게 사는 데도 싫증"이 난 기성 세대들이 "한국을 등지기로 작심" 하기 전에 "영화, 공연 티켓 구매"하는 현상이 등장한다.(이동주 주말섹션 팀장, 매일경제) 1,000만의 '대박'은 이렇게 만들어지나 보다.

　　여기에서 "'공산주의자나 자유주의자나 똑같은 희생자다'라는 몰가치한 메시지에 문제가 있음"을 간파하고 북한 체제라는 "더 큰 국가폭력"을 도출하는 일은 필연적 귀결처럼 느껴진다.(문창극 논설위원, 중앙일보) 할리우드 콤플렉스 '극복'의 요체라며 등장한 '반전(反戰)'의 눈물겨운 한국적 형제애가 이데올로기 부활로 순환하는 이 광경.

　　같은 맥락에서 토머스 허버드 주한미대사의 다음 언급은 초정밀 요격 미사일다운 정치 평론이다. "이 영화를 보고서야 6·25 한국전쟁이 국제적 분쟁이라기보다는 남한과 북한 사람들 간의 전쟁이었다는 사실을 새삼 깨닫게 됐다"(연합인포맥스) 당신은 공감하고 동의할 수 있는가. "이 영화에 한국전쟁은 없다"(허문영 영화평론가, 한겨레)는 지적은 역사학자의 입에서 나오는 한탄이 아니다.

　　해서 나는 의문에 휩싸였다. 한국전쟁과 한국적 형제애가 만나서 할리우드 콤플렉스를 떨쳐내는 '때깔'나는 세계적 영화로 거듭나는 비법은 전쟁터의 어머니들과 딸들의 존재를 인정하지 않겠다는 한국적 가부장의 오랜 유언을 떠받들 때에만 가능한 것은 아닐까 하고. 인민군 당신도 아버지요 아들이며 국군 당신도 아들이요 아버지다, 우리는 아버지와 아들의 전쟁을 치르면서 서로 죽고 다치고 상처 입었다, 슬프지 않은가.

　　원점으로 돌아왔다. 우리에게 할리우드 콤플렉스는 무엇인가. 많은 말을 했는데 아무 말도 안 한 기분이다. 그냥 '극복'해버린 것 같은 쾌감과 약간의 피로기만 맴돌고 있지 싶다. 어쩌면 질문에 전혀 딴 답변을 해놓고서 뒷짐지고 다음 문제를 풀겠다고 덤비는 꼴인지 모르는데, "굳이 손댈 이유가 있겠는가" 이 마음을 조금 알 것도 같다. 어차피 모르는 문제 다시 풀려면 또 찍는 수밖에 없지 않은가 하는.

　　한국 영화의 여건상 불가피한 영리함일 수도 있고 또 다른 '헝그리 무데뽀'

일 수도 있겠다. 문제는 효과 이전에 제대로 직면했는가 그리고 첫 단추를 어디에 꿰었는가 하는 점이다. 차라리 순간 포착의 장면 감상들로 말머리를 돌리는 편이 모두 맘 편한 노릇일지 모르겠다. <태극기 휘날리며>의 구두, 아이스케이크, 만년필, 국수, 손수건 같은. ‘실미도’의 빛 바랜 사진, 사탕봉지, 캐비닛 같은.

그런데 또 원점이다. “나는 ‘태극기 휘날리며’에서 그 처절한 전투 장면보다 주인공의 가난한 약혼녀가 부역자로 몰려 억울하게 처형되고 시체가 버려지는 영상이 가슴 아팠다.”(김수용 영화감독, 중앙일보) “이 장면이 정말 역겹다 나는 이 순간에 순결 이데올로기를 끌어들일 것이라고는 정말 꿈에도 상상하지 못했다.”(정성일 영화평론가, 말 문화평론가)

- 마취가 덜 풀리다
- 벙벙하다
- 덤덤하다
- 막말로 껌이다
- 간땡이가 붓다
- 접고 들어가다
- 가세하다
- 배포 큰 소리
- 스크린 쿼터
- 첩첩산중
- 움푹 파이다
- 할리우드 콤플렉스
- 추악하다
- 노골적이다
- 끈끈하다
- 손댈 이유가 있겠는가
- 시대착오
- 노고를 치하 받다
- 언감생심(焉敢生心)
- 선무당
- 등지다
- 초정밀 요격 미사일
- 새삼 깨닫다
- 한탄

- 때깔나다
- 원점으로 돌아오다
- 뒷짐지다
- 헝그리 무데뽀
- 첫 단추를 꿰다
- 부역자

- -지 싶다
  - 나도 일단 간땡이가 부어야 시작하지 싶다
  - 그냥 '극복'해버린 것 같은 쾌감과 약간의 피로기만 맴돌고 있지 싶다.

- 어찌 볼 것이냐
  - <태극기 휘날리며>의 서사를 어찌 볼 것이냐.

- 꿈에도 상상하지 못했다
  - 이 순간에 순결 이데올로기를 끌어들일 것이라고는 정말 꿈에도 상상하지 못했다.

(1) '스크린쿼터 고집할 필요 없다'가 의미하는 것은 무엇입니까?

(2) 할리우드 콤플렉스의 '국민적 심리 치료극'이란 무슨 뜻입니까?

(3) '이 영화에 한국전쟁은 없다'는 뜻은 무엇입니까?

(4) 이 글을 쓴 작가가 <태극기 휘날리며>를 평가하는 태도는 어떻습니까?

무릉도원에 스미스는 왜 있는 거야요? 〈웰컴 투 동막골〉[5]

김소영(한국예술종합학교 영상원 교수)

〈웰컴 투 동막골〉의 순박한 판타지 구조에서 발견한 의문점

한국전쟁 당시 강원도 태백산 골짜기 어딘가에 깊숙이 숨겨져 있는 동막골, 아이들처럼 막살라는 뜻을 지닌 이 마을이 갑자기 붐비기 시작한다. 북한군과 남한군만이 아니라 연합군인 미국군까지 한꺼번에 동막골에 들이닥쳤기 때문이다.

영화가 시작되면서 여일(강혜정)의 삶의 때가 새겨져 있지 않음을 나타내는 '순진무구'한 얼굴과 흰나비들을 보게 되는데, 바로 그녀, 그들과 크로스 커팅되는 것이 추락하는 비행기 안에 타고 있는 스미스(스티브 태슐러)다. 동막골의 갑작스런 소음과 사건으로서의 스미스는 이 영화의 제목에 활용된 웰컴에서 자명하게 밝혀지듯 영화가 말 걸고 있는 주대상이다. 한국전쟁 당시 남과 북의 대결이 냉전의 이데올로기가 침윤되지 않은 동막골 사람들의 순박함에 의해 일시적으로 와해된다는 것은 상상 가능한 이야기이기는 하다. 그러나 스미스의 존재는 이 영화에서 일종의 돌출이다. 영화 안에서 연기를 통해 그의 존재가 특별히 두드러진다거나 하는 것은 아니지만, 영화적 배열에서 그는 이질적 얼룩이다. 바로 이 이질성 때문에 〈웰컴 투 동막골〉은 남북한의 이데올로기적 차이를 인본주의로 극복할 수도 있다는 기존의 많은 문학, 영화 작품들과 결정적 차이를 만들어낸다. 신하균, 정재영, 강혜정과 같은 매우 마음에 들게 연기하는 배우들이 국군, 북한군, 순박 소녀로 출연하는 가운데 연합군 스미스는 영어를 할 때조차 어색하고 튄다. 이 튀는 존재, 스미스가 근처에 추락하면서 동막골에

---

5) 'http://www.cine21.com'에서 일부 발췌.

결정적 위기가 벌어지게 된 것이다.

순박한 영화에서 발견되는 순박한 정치적 순종

"웰컴 투 더 데저트 오브 더 리얼. 실재의 사막에 오신 것을 환영합니다." 이건 영화 <매트릭스>에서 네오가 받은 메시지이지만 예의 슬라보예 지젝이 미국 9·11 사건을 다룬 책의 제목으로 전유한 것이다. 여기서 지젝은 <뉴욕 탈출>이나 <인디펜던스 데이>과 같은 미국의 재앙영화들이 보여주었던 판타지가 9·11 무역센터 빌딩 파괴를 통해 현실화된 것을 지적하면서 미국은 자신이 판타지하던 것을 얻은 것이라고 이야기한다. 판타지가 현실화된 것이다.

나는 '웰컴 투 동막골, 동막골에 오신 것을 환영합니다', 이 한국전쟁 시기의 어떤 공간을 호박등 켜진 동막골이라는 곳으로 판타지화하면서 스미스로 대표되는 미국인에게 웰컴이라고 말거는 양식 자체를 표제화하고 또 그 미국인의 눈물과 동일화해 관객이 눈물을 흘리도록 되어 있는 영화적 구조를 순박하게 받아들이기 어렵다. 이 영화가 지지하고 있는 것처럼 보이는 남북한 화해, 그것을 가능케 할 이데올로기 제로 지대로서의 동막골의 설정, 남북 양쪽 군인들의 희생 등, 이것이 가질 수 있는 상징적 중량감이 스미스에게로 건너가 종결되는 판타지 구조는 문제라고 생각한다. 말하자면 남북한이 애써 꾸린 화해의 보따리를 연합군 미군에 넘겨주는 꼴인 것이다. 증후로서의 이러한 판타지는 현재 미국이 주도하고 있는 6자 회담에 대한 순순한 내면화로 은근슬쩍 해석해도 될까? 이 영화에 순박한 무엇이 있다면 그것은 포스트 냉전 이후 세계화를 주도하는 미국에 대한 무의식적 정치적 순종에서 나오는 소심함이다.

이 순박한 영화를 뭐 그리 복잡하게 보느냐는 질문이 당연히 나올 수 있다. 한여름, 공해 없는 무릉도원, 청량한 어떤 곳을 그리워하는 소망을 동막골이라는 세팅을 통해 충족시켜주는 피서용 영화 아닌가요? 게다가 환영한다지 않아요? 맞는 이야기다. 그럼에도 불구하고 여전히 내 질문은 "그 무릉도원에 스미스는 왜 있는 거야요?"(여일의 강원도 사투리 톤)

- 들이닥치다
- 자명하다
- 침윤되다
- 와해되다
- 인본주의
- 튀다
- 암약하다
- 포착되다
- 숭고하다
- 방자하다
- 수비대
- 감복하다
- 우화
- 판국
- 촉발하다
- 다큐멘터리
- 외설성
- 호박등
- 은근슬쩍

문법과 표현

- -는 바람에
  - 적군이 있다고 오판하는 바람에 공습을 가해온다.

●-하건 간에

　─이 영화를 우화로 간주하건, 어른을 위한 동화로 보건, 판지로 대하건 간에 불가

능한 상황 설정이다.

(1) ‘동막골’이라는 이름이 붙여진 이유는 무엇입니까?

(2) 영화의 배경인 동막골은 무엇을 표상합니까?

(3) 스미스의 존재는 이 영화에서 왜 일종의 돌출이 됩니까?

(4) 신연합군은 어떻게 구성되어 있고 그들을 무엇을 상징합니까?

(5) 가짜 눈물의 공포란 무엇입니까?

(6) 이 영화가 상징하는 것은 무엇입니까?

인간과 환경

지구 온난화(溫暖化)에 의한 영향[6]

(1) 농업에 대한 영향

이산화탄소를 비롯하여 온실효과가스 농도의 상승에 따르는 기후변화는 지구상에서의 온도자원 및 수자원의 분포의 변화를 통하여 식량생산력의 분포의 이동을 일으켜, 지역적 및 세계적인 식량공급에 큰 영향을 미칠 가능성이 있다. 유력한 온실효과가스인 이산화탄소 농도의 상승은 작물의 생리활동에 대한 직접영향과 기후변화를 통한 간접영향의 두 개의 작용에 의해 식량생산에 영향을 미친다.

간접적인 영향을 살펴보면, 첫째, 온도상태의 변화에 따른 영향을 들 수 있다. 대기중의 이산화탄소 농도가 두 배로 되는 2030년경에는 지표근처의 평균온도는 현재보다 약 2℃ 상승할 것으로 예상되고 있다. 기후온난화가 예상 대로라고 가정한다면, 등온선이 40년 간

---

6) 'http://w3.kunsan.ac.kr'에서 일부 발췌.

에 약 400Km 북상하게 된다. 이로 인하여 작물의 재배를 제한하고 있는 저온조건이 대폭적으로 완화되고 재배가능기간이 대폭 길어지게 될 것이다. 그러나 온상 작물은 남쪽은 너무 고온이기 때문에 재배가 불가능하게 되거나 감수가 예상된다. 한가지 중대한 것은 온상해는 '고온→미생물활동의 활발화→토양 유기물 분해'의 과정을 거친 토양열화의 가속화이다. 토양중의 유기물 함량이 감소하면 토양의 화학적, 물리적 성질이 약화되어 생산력이 저하한다. 그러므로 고온화에 의한 유기물 분해의 촉진은 매우 중대한 영향이다.

둘째, 수문상태의 변화에 따른 영향이다. 기온상승에 의하여 우량, 우기, 건기의 현상이 어떻게 변화하는가는 농업관계자에 대하여는 온도변화 이상의 관심사이다. 그것은 세계의 경지의 약 80%가 밭이고 그 작황이 비에 의존하고 있기 때문이다. 일반적으로 기온상승은 지구평균으로서는 강우량을 증가시키나 한편 증발도 증가시킨다고 한다. 또 기압배치와 저기압통로의 변화에 따라 우기와 지역적 분포도 변화한다. 최근의 모델계산에 의하면 호우형으로, 빗방울이 큰 소나기성의 비가 많아질 것으로 예상하고 있다. 호우형의 비의 증가는 빗물의 이용효율을 저하시키고 증발의 증가와 더불어 경토의 건조를 촉진한다고 하며 미국의 대평원지역 소련의 농업지대에서는 한발의 발생이 많아질 것으로 예상되고 있다.

셋째, 수위상승의 영향이다. 식량생산력이 높은 비옥한 경지, 특히 논의 대부분은 큰 하천의 충적지나 삼각주 위에 있다. 이러한 지역은 높은 생산력을 배경으로 많은 사람들이 예부터 살고 있다. 만약 기후온난화가 진행되어 해면수위가 상승하면 농업분야에만 한정되지 않고 많은 사람들이 생존에 필요한 토지를 상실하게 된다. 또 염수가 하천이나 지하수로 역류하여 담수자원의 열화를 초래하게 될 것이라고 우려하고 있다. 이처럼 지구온난화에 의한 수위상승은 비옥한 경지 특히 동남아 일대의 수전지대에 큰 영향을 주고, 수천만 명에 달하는 환경난민을 발생시킬 가능성이 있다고 보고되고 있다.

(2) 육상생태계에 대한 영향

인간활동의 결과 나타난 대기 중 온실효과가스 증가와 이와 관련하는 기후변화는 육상 자연생태계와 이것을 기반으로 하는 인류사회에 중대한 위협이 되고 있다. 기후변화에 관한 시나리오는 최근 10년 간에 약 0.3℃의 기온상승을 예측하고 있다. 이것은 과거 1만 년 동안 보지 못한 상승률이라고 한다. 온실효과가스의 증가에 의한 급속한 온난화는 육상생태계 혼란의 원인이 되고 있다.

그것은 첫째로 생물의 종의 생존을 위협하고 종의 절멸을 일으켜 생태계를 형성하는 종의 유기적 결합을 파괴하기 때문이다. 만약 어떤 종이 생식하고 있는 장소의 온도가 상승하든지 건조하게 되면, 그 종은 환경의 변화에 견디지 못하여 죽든지 딴 곳으로 이동하든지 장소환경변화에 적응하도록 스스로 변하지 않으면 안 된다. 식물의 종은 동물과 달라서 용이하게 이동할 수 없으므로 많은 식물이 온실화 과정에서 절멸하게 된다.

온실효과가스와 기후변화가 육상생태계에 미치는 영향의 또 하나는 식물상, 동물상의 현재 분포를 변화시키는 것이다. 지구의 온도가 금후 35년에 약 1℃ 상승하면 현재의 식생은 80Km나 북방으로 이동하게 된다. 식생의 이동은 식생을 구성하는 식물군락, 식물상에 의존하는 동물의 종에도 큰 영향을 미친다. 그러나 동물은 변화에 대응하여 신속하게 이동할 수 있으나 식물군락의 이동은 용이하지 않으며 생식장소를 상실한다는 심각한 문제가 생길 가능성이 있다. 그리고 식물 종의 이동능력은 종자의 산포능력에 의존하므로 보통 이동능력은 연 평균 10~100m라고 추정된다. 그러나 온실화가 현재의 속도로써 진행된다면 금후 35년 사이에 약 80Km(연당 2.2Km)나 북방으로 이동하여야 된다. 이 사실은 식생을 구성하는 많은 종이 기후변화에는 따라가지 못하고, 이 때문에 식생과 그것을 기초로 하는 생태계의 붕괴를 초래한다고 예측되고 있다.

그러면 세계의 생물생태계는 어떤 영향을 받는가. 생물생태계에 대한 영향은 남북양극에 가까운 고위도 지역에서 가장 크다. 북반구의 고위도 지역에서의 황원, 동토 산림의 약 20%가 감소된다고 예측된다. 지중해 해역의 반건조 지대로부터 건조지대에서 온실효과로 인한 기후변화가 식물의 생산력을 저하시킬 가능성이 높다. 온난화는 지구적인 강수패턴을 변화시킨다고 예측되고 있다. 이 결과 직접적으로 강수량, 우수의 유출, 토양수분, 적설, 융설, 증발산 등의 변화로 나타나며, 간접적으로는 해수면이나 호수면 등에 변화를 일으킨다. 이러한 변화는 식물상의 구성종이나 식물군락의 구조에 영향을 미치며, 경우에 따라서는 종의 절멸까지 이르는 심각한 영향을 육상생태계에 미친다. 온난화의 결과로 증발산이 증가하기 때문에 북아프리카와 중근동 대초원의 사막화가 급속도로 진전될 것으로 생각된다.

기후변화에 따라 해면이 상승되면 연해의 육상 자연생태계에 광범위하고 심각한 영향을 미치게 된다. 열대의 망그로브, 온대로부터 아한대의 연안저습지의 모든 것이 해면상승이 클 경우에는 소실될 우려마저 있다. 이와 같이 기후에 강하게 의존하고 있는 육상 자연생태계는 기후변화의 영향을 받아서 그 구조나 구성을 변화하게 될 것이고 존재하는 장소가 이동할지도 모른다. 이 경우에는 적응과 이주할 수 있는 종만이 살아남게 될 것이다. 적응과 이주의 능력이 한정된 환경변화에 민감한 종은 서서히 감소되거나 소멸할 것이 예측된다. 예측된 기후변화가 식생에 미치는 영향에 관하여 포괄적 해석에 의한 예측을 하는 것은, 단순히 자연보호의 측면뿐만 아니라 육상 자연생태계의 일원이기도 한 인류의 활동, 생활, 경제의 장래를 고찰하는 데에서도 중요하다고 생각한다.

(3) 에너지, 산업, 인간에 대한 영향

자연적 에너지원으로서는 수력발전, 신목, 태양에너지 등이 있으나, 이것들의 공급은 기후에 좌우되기 쉽다. 강수량의 변화와 융설기가 변경되면 에너지 공급능력에 중대한 영향이 미친다. 석유위기 이래 많은 개발도상국은 석유에서 수력으로 에너지원을 전환했다. 이러한 나라에서는 기후변동이 에너지 공급능력에 주는 변동은 중대하다. 또 개발도상국에서는 취사용의 신목이 에너지 공급의 80%를 점하고 있으며 아프리카제국 중에는 90% 이상을 점하는 나라가 있다. 그러나 온난화에 의한 토양의 수분변화와 농경지의 관수 등으로 신목을 구하기 곤란한 경우가 예측된다. 이러한 문제는 자본의 부족 등으로 대체에너지 개발의 전망이 없는 개발도상국에 있어서는 심각한 문제로 되고 있다. 기후 의존형 산업에 있어서 기후변화는 장기적 투자의 경우에 신중한 고려를 필요로 하는 요인의 하나이다. 온난화에 의한 온도상승 강수량의 변화에 따른 해빙 융해 적설감소가 예상되어 교통의 조건에 영향을 미친다. 수문조건의 변화가 호수나 하천 수위를 변화시키며 내수면 항행에 영향을 준다. 또 태풍, 허리케인 등의 빈도가 변하며, 항행조건도 변하게 된다. 온난화의 영향은 사람의 건강에도 영향을 미친다. 온난화로 인한 기후변화는 전염병, 병충해가 발생하는 범위를 확대하며 피해를 증가시킨다. 개발도상국에서는 한발 등 농업생산에 대한 영향이 영양불량을 초래하며 홍수의 증가 등으로 도시의 위생상황을 악화시킨다. 또 온난화에 의해 발생하는 농작물피해와 병충해를 막기 위해 화학비료, 농약, 살충제, 제초제 등의 사용도 사람의 건강에 무시할 수 없는 영향을 미친다. 온난화는 인간 거주에 대해서도 영향을 미치는데, 직접적으로는 해면상승의 영향이 가장 심하다. 해면상승에 의해서는 아시아 연안의 도시, 나일강, 갠지즈강, 양자강, 황화강, 메콩강, 피나마 등의 하구 삼각지대 등이 심각한 피해를 입을 것으로 보고 있다. 만약 1m 바다수위가 상승하면 이집트의 경지 12~15%, 방글라데시는 전국토의 11.5%가 침수되고 인도네시아에서는 상당한 인구 이동이 필요하다고 추산되고 있다. 온난화에 의하여 태풍, 허리케인, 사이크론 등의 강도가 증가될 것으로 보고 있으나, 해면상승과 겹쳐서 연안지역의 거주지에 대한 영향이 크다. 또 기후변화로 강수량증가에 의한 홍수피해도 증가하며 한편으로는 한발증가도 예상된다. 한센의 예측에 의하면 한발의 확률은 현재의 5%로부터 1990년에는 10%로, 2020년에는 25%로 증가한다고 하고 있다.

어휘와 구절

- 농도
- 생리활동
- 등온선
- 온상작물
- 유기물 분해
- 경지(境地)

- 작황
- 한발(旱魃)
- 충적지
- 삼각주
- 수전(水電)
- 절멸(絶滅)
- 식물군락
- 산포능력
- 초래하다
- 지중해
- 적설
- 융설
- 증발산
- 신목(薪木)
- 해빙 융해
- 병충해

문법과 표현

- -(으)ㄹ 가능성이 있다
  - 기후변화는 식량공급에 큰 영향을 미칠 가능성이 있다.

- -(이)라고 우려하고 있다
  - 염수가 역류하여 담수자원의 영화를 초래하게 될 것이라고 우려하고 있다.

● -다고 보고되고 있다

  ─수천 만 명에 달하는 환경난민을 발생시킬 가능성이 있다고 보고되고 있다.

● -든지 -든지

  ─환경 변화에 견디지 못하여 죽든지 이동하든지 스스로 변하지 않으면 안 된다.

● -(으)ㄹ 우려마저 있다

  ─해면 상승이 클 경우 모든 것이 소실될 우려마저 있다.

● -에 좌우되기 쉽다

  ─이것의 공급은 기후에 좌우되기 쉽다.

이해하기

(1) 온실화가 식량생산에 미치는 영향을 크게 두 가지로 나누어 보십시오.

----

(2) 대기 중 이산화탄소 농도가 두 배로 증가되면 어떤 일이 벌어지겠습니까?

----

(3) 등온선의 북상이 초래할 결과는 무엇입니까?

(4) 기온 상승에 따른 기후 변화 양상은 어떻습니까?

(5) 바닷물의 증가는 어떤 우려를 낳습니까?

(6) 지구온난화에 따른 육상생태계 변화를 크게 두 측면으로 나누어 보십시오.

(7) 온난화에 따라 동물과 달리 식물이 처하게 될 결과는 무엇입니까?

(8) 강수 패턴의 변화에 따른 생태계 변화상은 어떻습니까?

(9) 자연 에너지 자원에는 어떤 것이 있습니까?

(10) 온난화에 의한 토양의 수분변화는 인류의 에너지 생산 방식에 어떤 영향을 미칩니까?

(11) 온난화가 인류의 건강에 미치는 영향은 무엇입니까?

(1) '자연과 인간'이란 주제로 자신의 생각을 자유롭게 이야기해 봅시다.

(2) 지구온난화가 인류에게 미칠 영향에 대하여 토의해 봅시다.

(3) 이른바 환경 재난의 종류, 원인 및 대처방안에 대하여 토의해 봅시다.

(4) 인류의 생존을 위협하는 환경 재난에 대한 안일한 의식을 퇴치하기 위한 범국가적
   차원의 의식변화 방안을 검토해 봅시다.

____

____

____

____

작 문

자연 재난(화산폭발, 쓰나미, 허리케인, 가뭄, 폭설 등) 사건 예와 환경 파괴(산성비, 사
막화, 온난화, 생태계 파괴, 온존층 파괴)를 바탕으로 그 심각성을 논하고 적절한 대처
방안에 관한 글을 쓰려고 한다.

(1) 전체 글의 아우트라인을 작성하십시오.

____

____

____

____

____

____

____

____

(2) 위 아우트라인 중 본론의 첫 번째 부분을 기술하십시오.

더 읽어보기[7]

지구 온난화에 의한 영향 : 기상변화

만약 2040년에 약 3℃의 기온이 상승한다면 연간 10km의 속도로 기후대가 극 방향으로 이동한다. 그 결과 강우와 강설 양상이 바뀌고 현재와 다른 계절 변화를 가져와 극 지역의 빙하를 녹이고, 적도 지방에는 사막이 확장될 것이다. 또 지구의 대기 순환이 약해지고, 극지방과 적도 지방의 기온 차는 줄어들 것이다. 우리나라는 건조 지역에 속하지만 여름의 몬순이 강화될 것이다. 해수면 상승 그리고 무엇보다 기온이 상승하게 되면, 북극이나 남극에 있는 빙하가 녹게 된다. 만약 3℃ 정도의 기온이 상승할 경우, 북극에 있는 빙하는 대부분이 물에 뜬 빙산으로 녹더라도 해수면에는 영향이 없지만, 남극의 경우 대륙 빙하이기 때문에 녹으면 약 7m 정도의 해수면이 상승할 것으로 예측된다. 그럴 경우 각 대륙의 해안가를 따라 실제 물 속에 잠기는 면적은 약 3%에 불과하지만, 전 세계의 대도시들의 대부분이 해안가에 발달하고, 따라서 인류의 약 1/3이 해안 지역에 거주하는 것을 감안하면 그 재앙은 엄청난 것으로 문제의 심각성을 더하여 주고 있다. 생태계의 파괴 온난화로 인한 기후대의 이동 속도가 식생(埴生)의 이동 속도 보다 훨씬 빠를 경우, 식생들은 기후에 적응하지 못하여 분포 지역이 축소·소멸될 우려가 있다. 특히 고산식물의 대부분은 서서히 영역이 좁아져서, 멸종되고 말 것이다. 과학자들은 현재 산호가 전 세계적으로 대량으로 죽어 가고 있는 현상이 지구 온난화의 첫 희생자가 아닌가 걱정하고 있다.

---

7) 'http://w3.kunsan.ac.kr'에서 일부 발췌.

지구의 온난화(Global Warming)가 발생하는 과정

생활의 고도화에 따른 증대하는 인간의 산업활 동은 여러 가지 영향을 지구 전체에 주고 있다. 지구온난화 문제도 그 일환으로 많은 사회적 관심을 모으고 있다. 태양으로부터 지구로의 일사에너지는 대부분 가시광선이지만 대기를 통하여 지표면에 달하여 그 곳을 가열한다. 가열된 지구표면으로부터 방사되는 에너지는 파장이 10μm 정도의 전자파인 원적외선이며 그것은 대기 중의 수증기와 이산화탄소에 의해 강한 흡수를 받는다. 이 때문에 지구표면으로부터 적외선으로 방출된 에너지는 직접 우주공간에 유출되지 않는다. 적외선을 흡수하는 수증기와 이산화탄소는 동시에 그 온도에 상응한 강도의 열방사를 행한다.

말하자면 대기는 일사에 용이하게 통과시키나 지구표면으로부터의 열방사의 유출을 막는다. 이로 인하여 일사에 의해 지구표면에게 방사된 에너지는 지구표면 근처에 모이고 대기 상층보다 고온으로 된다. 또 이 지구표면온도는 같은 일사를 받고도 대기층이 없었던 경우의 온도보다도 높아지게 된다. 대기층

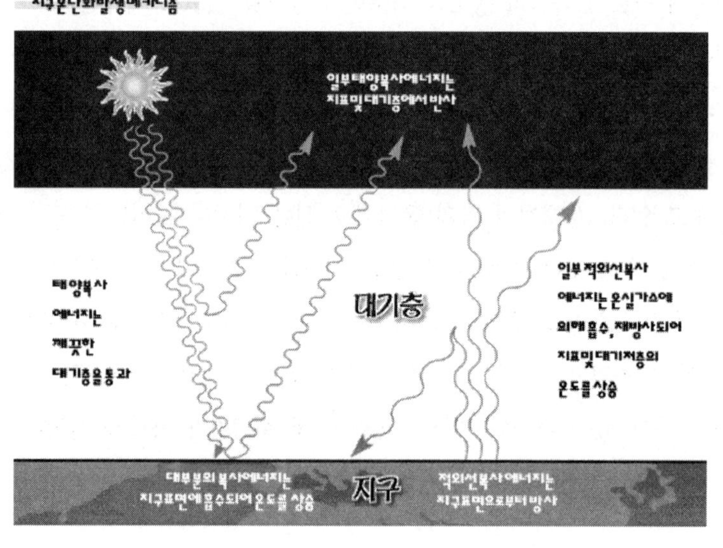

(즉 그 속에 있는 수증기와 이산화탄소)에 의한 이 효과를 온실효과라고 부른다. 그런데 지표로부터 방사되는 적외선을 흡수하는 기체는 수증기만은 아니다. 탄산가스, 메탄, 오존, 이산화질소, 프론도 있다. 이러한 기체는 수증기가 흡수하지 않는 파장에 적외선의 흡수대를 가지고 있다. 그러므로 이러한 기체가 증가하면 당연히 우주로 빠져나갈 열이 대기에 유보되어 온도가 상승한다. 이러한 현상이 지구 온난화와 직접 관계되는 온실효과이다.

지구 온난화와 이산화탄소

현재의 기후는 제4기 빙하시대의 최종 빙기 후의 비교적 온난한 간빙기의 기후와 같다. 이 간빙기 중에서 가장 온난한 기후시대는 약 6천 년 전에 나타난 최적기후시대이다. 이 때 중위도 지방의 기온은 현재보다 약 2~3℃ 높았다고 추정되고 있다. 지금 사회적으로 관심을 모으고 있는 지구온난화는 따지고 보면 이 2~3℃의 온도상승이 문제가 되고 있다. 이 정도의 온난화는 일찍이 인류가 경험한 적이 있는데, 왜 온난화가 세계의 정치문제로까지 발전했을까. 그것은 21세기에 일어날 것으로 예상되는 온난화가 자연적 요인보다 인위적 요인, 즉 선진국을 중심으로 한 온실효과 기체의 방출과 개발도상국을 중심으로 한 삼림파괴로 인하여 온난화가 급속도로 진행될 것이 예상되기 때문이다. 많은 과학자들은 2020년까지 과거 1,000년 동안에 비해 훨씬 더 따뜻해지리라고 예측한다. 실제로 일부 과학자들에 의하면, 최근 100년 사이에 지구 평균 기온이 약 0.5℃ 상승하였다고 주장하며, 그 결과 해수면은 30~40cm나 상승하였다고 말한다. 만약 지구 온난화 현상이 계속 될 경우, 해수면은 상승 속도가 가속되고, 기후대가 극지방으로 이동하는 등의 결과로 나타나는 기상 재해는 현재 발달한 과학 기술로도 예측하기 힘든 상태이다. 사실 우리 스스로가 지구의 온난화를 인식하기란 그리 쉬운 일이 아니다. 일 년 여에 걸친 토론 끝에 기상학자들은 지구의 평균 기온을 결정하는데 합의를 보았는데, 100년 동안 지구의 평균 기온은 계속 상승하여 왔다. 그렇다면 이 기온 상승이 기후 변화에 따른 자연 현상인지 아니면 화석 연료 사용 등으로 인한 인위적 현상인지 명확하지 않다. 그러나 온실효과는 대기 중에 있는 이산화탄소의 양과 관계가 있는 것은 분명하다.

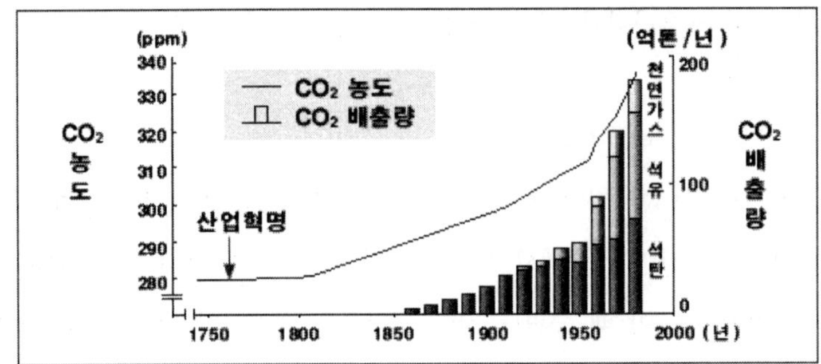

07.

저출산 문제

날로 귀해지는 '초등학생'

2005 교육통계연보, '저출산' 여파… 초등학생 9만 명 감소
저출산의 여파로 초등학생 수가 지난해보다 9만 명 이상 줄었다.

지금과 같은 출산 기피 현상이 이대로 계속될 경우 5년 후인 2010년에는 초등학생 수가 지금보다 67만 명 가량 감소할 것으로 보인다.

70년 574만 명보다 30% 줄어

교육인적자원부와 한국교육개발원이 8일 발간한 '2005학년도 교육통계연보'를 보면 올해 초등학생 수는 지난해보다 9만 3394명이 줄어든 402만 2,000명으로 나타났다. 이는 초등학생 수가 가장 많았던 1970년 574만 9,301명의 70% 수준이다. 이에 비해 중학생 수는 201만 704명으로 전년에 비해 7만 7,000여 명, 고등학생은 176만 2,896명으로 1만 6,000여 명이 각각 늘었다.

교육통계연보는 매년 4월 1일을 기준으로 전국 유치원, 초·중·고교, 대학 및 대학원, 시·도교육청 등 2만여 개의 교육행정기관 등을 대상으로 실시하는 교육통계조사 결과를 기초로 하고 있다.

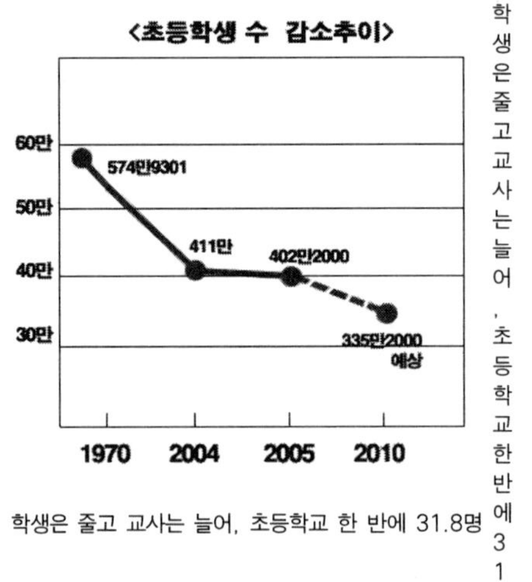

학생은 줄고 교사는 늘어, 초등학교 한 반에 31.8명

최서영/기자

<프레시안 2005년 9월 9일, http://www.pressian.com>

어휘와 구절

- 날로 귀해지다
- 여파
- 가량
- 교육통계연보

문법과 표현

- -(으)ㄹ 것으로 보이다
  - 2010년에는 초등학생 수가 지금보다 67만 명 가량 감소할 것으로 보인다.

(1) 초등학생 수가 계속 감소하는 원인은?

(2) 교육통계조사는 언제 실시하는가?

이야기해 봅시다

(1) 여러분 나라의 출산율은 어떻습니까? 한국과 비교하여 이야기해 봅시다.

(2) 결혼 후 자녀 계획을 세운다면 어떻게 하겠습니까? 그 이유도 함께 이야기해 봅시다.

저출산 현상 심각

고교생 논술 주제

우리나라의 저출산 현상이 심각하다. 이런 추세가 지속되면 2010년에는 노동시장에서 공급이 모자라 노동력 부족현상이 시작될 것으로 예상된다. 또 의료비 지출이 급증하고 고령인구 급증으로 국민연금도 고갈될 것으로 보인다. 반면 미래에는 인구의 생산성이 지금보다 높아질 것이므로 현재의 위기의식은 지나친 것이라는 이견도 있다. 저출산으로 미래에 예상되는 문제점과 대처 방안을 800자 이내로 논하라. (6월 28일부터 본보 A3면 또는 A5면에 연재 중인 ‘출산율 1.19쇼크, 작아지는 코리아’ 시리즈 기사 참고)

학생글― 정다운(전북 전주여고 3학년)

(가) 저출산 현상이 국가의 존속과 유지를 지속하는 데 크나큰 장애물로 인식되고 있다. ① 이는 국가적·사회적·개인적 차원에서 많은 문제를 드러내고 있기 때문이다.

(나) 거시적 관점에서 출산율의 저하로 말미암아 국가 경쟁력이 약화되었다. 미시적 관점에서는, ② 이로 인해 ③ 인구의 감소와 고령화 사회로 진행이라는 틀 안에서 생산주체인 청·장년층의 비율이 감소하였다고 본다. 때문에 기업체 산업 생산량 비율의 급격한 감소라는 문제가 대두되었다. ④ 경제적으로, 아동과 청·장년층에 종사하던 직종과 산업구조는 ⑤ 저출산 사회에 대비하여 변모하게 되었다. 그렇지 않다면 위기의 현대사회에서 생존할 수 없을 것이라고 전망했기 때문이었고 그러한 전망은 현실이 되었다. 개인적 차원에서, 가정 내의 저출산 현상은 ⑥ 가정 고유의 기능과 존속을 위협하고 있다. ⑦ 이상

에서 볼 수 있듯이 저출산 현상으로 인해 종합적 관점에서 보는 사회는 위기의 상황에 직면해 있다.

(다) ⑧ 이것의 해결의 실마리는, 국가가 지속적인 캠페인과 광고 등을 활용하여 깊게 뿌리박힌 남녀차별의 고정관념을 양성평등의 방향으로 전환하는 것, 가정 내 부부 공동 가사 분담을 차근차근 시작해 나가는 것 등에서 볼 수 있다. 한편 스웨덴과 프랑스 등 일찍이 저출산 현상을 접하고 현재 회복 단계에 있는 성공한 선진국들의 우수한 제도들을 우리 실정에 맞춰 사회에 적용하는 것 역시 필수적인 사항이다. 예를 들어, ⑨ 기업에는 인센티브를 제공하고 국가는 베이비시터 자격증 제도를 ⑩ 도입하는 것, 그리고 출산 가정에는 육아 휴가와 출산수당, 양육시설의 설치와 양육 지원금 등의 지속적인 제공 역시 좋은 방안이 될 것이다. ⑪ 그러나 이 모든 것은 현실적인 입장을 고려한 뒤 시행될 때 의미 있는 것들이 된다. 그러기 위해 개인과 국가는 서로의 입장을 고려한 상호 공존의 노력이 절실히 요구된다.

첨삭지도
① 문제를 3단계로 나눠 분석하려 한 것은 다각적인 접근을 시도한 점에서 바람직하다.
② 가리키는 내용이 출산율 저하인지, 국가 경쟁력 약화인지 모호하다. '출산율 저하로 인해'라고 구체적으로 쓰는 것이 좋다.
③ 어색한 표현. '인구가 감소하고 고령화 사회로 진행하면서'로 고치자.
④ '사회적으로'로 바꾸는 것이 좋다. 앞에서 나눈 국가, 사회, 개인의 세 차원에 대응해 논의해야 체계적이다. 또 바로 앞 논의에서 이미 경제적 차원의 문제를 다루고 있다.
⑤ 어떻게 변모했는지 구체적으로 설명해야 한다. 그렇지 않으면 무엇이 문제인지 드러나지 않는다.
⑥ 어떤 기능을 어떻게 위협하고 있는지 밝혀야 제대로 문제점을 분석한 것이 된다.

 한국 사회·문화 이해와 표현 Ⅰ

⑦ 어색한 문장. '이러한 분석을 종합해 볼 때, 우리 사회는 저출산 현상으로 인해'로
고치자.

⑧ 어색한 표현. '문제 해결의 실마리는, ~에서 찾을 수 있다'로 고치자.

⑨ 어떤 기업에 어떤 인센티브를 제공해야 하는지 부연 설명이 필요하다.

⑩ 문장을 한 번 끊어주는 것이 좋겠다. '도입하며, 출산 가정에는 출산 수당을 제공
해야 한다.'

⑪ 사족이다. 앞에서 말한 대처 방안들이 현실적 입장을 고려하지 않은 것처럼 돼 버
려 논의의 신뢰도를 떨어뜨린다.

총평

짧은 글이지만 비교적 많은 내용을 충실하게 담으려고 노력한 점에서 좋은 평가를 받
을 수 있다. 짧은 글의 경우 형식보다는 내용이 중요하다는 점을 간파해 첫 단락을 간략하
게 처리한 점도 좋았다.

그러나 짧은 분량에 너무 많은 내용을 담으려다 보니 무리가 따른 부분도 있다. 문제
점이나 대처 방안 각각에 대해 충분한 논의 없이 언급만 한 채 지나간 것이 그렇다. 이로
인해 많은 내용을 담고 있으면서도 피상적인 논의에 그치고 있다는 인상을 주게 된다.
'800자 이내'라는 분량의 제한도 지키지 못했다. 실제 논술이라면 감점 요인이다. 표현이
늘어지는 곳이 많아 간단명료하게 쓰는 연습이 필요하다.

이런 약점을 보완하기 위해서는 문제와 대책을 나열하는 데 그치지 말고 문제의 경중(輕
重)과 대책의 선후(先後)를 고려해 접근할 필요가 있다. 다각적 분석을 통해 밝혀진 문제점 중
가장 근본적이고 심각한 문제를 골라서 그 문제의 원인을 심층적으로 분석한 다음, 이 문제를
해결할 대책을 단계적으로 제시하는 것이 좋다. 그 다음 근본적인 문제를 해결하는 과정에서
다른 파생적인 문제들도 해결될 수 있음을 간략히 보여주면 논의의 깊이와 폭을 모두 갖춘 좋
은 글이 될 것이다.

– 박정하 성균관대 교수 · 학술적 글쓰기 담당

① 저출산 현상으로 인한 인구피라미드 변화를 이해하고, 생산 연령층 감소로 인한 노동력 부족 문제와 '인구 부양비' 급증 문제를 이해한다.(경제, 한국지리)

② 맞벌이 부부의 증가, 육아시설 부족, 사교육비 부담이 딩크(DINK · Double Income, No Kids · 아이 없는 맞벌이 부부)족을 양산시키고 있음을 이해한다.(사회문화)

③ '고령화 사회', '고령사회', '초고령 사회', '압축 고령화' 등의 의미를 이해한다.(경제, 한국지리)

④ 성(性) 윤리의 변화, 생명존중사상의 약화, 개인주의의 확대 등 가치관의 변화와 저출산 현상의 인과관계를 분석해 본다.(윤리)

⑤ 저출산 문제 해결을 위한 모성보호법, 근로기준법, 사회보험법의 개정 필요성에 대해서 논의해 본다.(법과 사회, 사회문화)

⑥ '저출산 고령사회기본법'의 제정 배경과 중요 내용을 정리한다.(법과 사회, 사회문화)

– 최강 최강학원 원장 <동아일보 2005. 07. 12.>

어휘와 구절

- 추세
- 고갈되다
- 존속
- 크나크다
- 거시적 관점
- 미시적 관점
- 변모하다
- 고정관념
- 차근차근

- 베이비시터
- 부연 설명
- 간파하다
- 피상적이다
- 논의의 깊이와 폭
- 압축 고령화

- 이상에서 볼 수 있듯이
  - 이상에서 볼 수 있듯이 저출산 현상으로 인해 종합적 관점에서 보는 사회는 위기의 상황에 직면해 있다.

- 해결의 실마리
  - 이것의 해결의 실마리는 남녀차별의 고정관념을 양성평등의 방향으로 전환하는 것이다.

이해하기

(1) 저출산 현상이 국가에 미치는 영향은 무엇입니까?

(2) 출산율 저하 때문에 국가적·사회적·개인적 차원에서 어떤 문제점이 생깁니까?

(3) 저출산을 해결을 위한 기본적인 방법은 무엇입니까?

(1) 여러분 나라의 출산율은 어떻습니까?

(2) 여러분 나라의 가족 형태는 어떻게 변하고 있는가? 한국과 비교하여 이야기해 봅시다.

(3) 출산율 저하를 막기 위한 해결방안에 대하여 토의해 봅시다.

(1) 여러분 나라의 인구 정책에 대하여 설명하십시오.

(2) 여러분은 결혼을 하면 자녀계획을 어떻게 세우겠습니까? 그 이유는 무엇입니까?

08.

고령화 사회

고령화 대책 급하다

통계청에 따르면 가임 여성 한 명이 평생 동안 낳을 평균자녀수를 나타내는 합계출산율이 1970년 4.53명에서 1983년에 대체 출산율 수준인 2.08명으로 감소한 데 이어, 2002년에는 1.17명으로 세계 최저 수준으로 하락했다. 반면 평균수명은 1981년 66.2세에서 2001년 76.5세로 늘어났으며, 이는 OECD 회원국의 평균 수준에 근접한 것이다.

이러한 출산력 감소와 수명연장으로 14세 이하의 유년인구는 감소하고 65세 이상의 고령인구가 증가하고 있으며, 종국적으로는 우리나라 인구가 2023년부터 감소하기 시작할 것으로 예상된다.

UN은 연령계층별 인구구조를 기준으로 총인구 중 65세 이상 인구구성비가 7% 이상을 고령화사회, 14% 이상을 고령사회, 20% 이상을 초고령 사회로 구분하고 있다. 우리나라는 이미 2000년에 고령화사회로 들어섰으며 2019년에는 고령사회로 진입할 것이고, 2026년에는 초고령 사회가 될 것으로 전망된다. 인구구조가 변하는 것 자체만으로도 많은 사회경제적 문제점을 야기하기 마련인데 우리나라의 경우에는 앞으로 불과 한 세대를 지나기 전에 초고령 사회로 진입할 것이기 때문에, 인구구조의 변화속도 면에서 선진국에 비해 빠르기 때문에 인구 고령화에 대한 종합적인 대책이 더욱 시급하다 할 것이다.

인구 고령화는 무엇보다 경제 활력을 감퇴시킨다는 문제점을 안고 있다. 노동인구 비율은 줄고 청·장년층이 부양해야 할 노령인구가 증가하여 저축률이 감소하기 마련이며, 연금수급자가 증가함으로써 연금문제로 인한 재정수지 악화 문제까지 겹침으로써 경제의 성장잠재력을 약화시킬 것이다. 고령화사회를 경험한 선진국에서도 이러한 노동생산성 저하와 재정문제를 겪었다. 또한 인구 고령화는 경제활동에서 은퇴한 후 사망하기까지의 기간이 늘어나면서 노인 실업으로 인한 사회적 문제를 일으키며 산업구조를 변화시키는 동인으로도 작용한다.

우리나라의 경우는 선진국에 비해 사회 안전망이 취약한 가운데 인구구조의 고령화 속도가 빠르게 진행되고 있어 사회경제적 충격이 훨씬 크게 나타날 가능성이 높다. 노인 자살자가 급증하고 있는 것도 이와 무관하지 않으며, 국민연금 개혁 논의가 강하게 제기되는 근저에도 인구 고령화 문제가 자리잡고 있다.

한국개발연구원은 현재의 고령화 추세가 지속되면 우리 경제의 잠재성장률이 2030년에는 2% 수준으로 저하될 것으로 우려하고 있다. 기업의 경우에도 인구구조의 고령화로 인해 위협과 기회를 맞고 있다. 유아용품 산업이 성장에 상당한 애로를 겪고 있는 반면, 노년층을 겨냥한 실버시장은 미래 성장산업으로 떠오르고 있다.

물론 우리 경제는 주로 노동력 투입에 의존하던 산업화 시대에서 벗어나 지식과 정보가 경쟁력의 원천인 시대로 전환하고 있어 고령화로 인한 경제 활력의 둔화를 상당부분 지연시킬 것으로 본다. 즉 여성과 노년층의 경제활동 참여 확대를 유인해 노동력의 감소를 보완하고, 인적자원의 질적 수준을 제고함으로써 상당 기간 경제성장 잠재력을 유지할 수도 있을 것이다.

그러나 인구구조 고령화로 인한 문제점을 근본적으로 해결하기 위해서는 감소한 출산력을 회복해 인구구조의 고령화 자체를 완화해야 한다. 1990년대 이후를 살펴보면 주요 선진국의 경우 출산율 저하가 멈추었거나 출산율이 증가하는 경우를 볼 수 있다. 미국은 합계출산율이 2명 이상을 유지하고 있으며 프랑스·싱가포르 등은 적극적인 출산장려정책을 추진해 출산율이 증가하고 있다.

우리나라는 1990년대 중반에 산아제한정책을 폐지했으나 출산력은 선진국에 비해 빠르게 감소하고 있다. 각 가정에서 나름대로 가족의 행복을 추구하고 미래를 준비하는 과정에서 나타난 결과이다. 그러나 지금의 상황이 지속되면 각 가정에서 노력하면 할수록 사회 전체의 부담만 가중되어 미래의 행복은 더욱 멀어질 것이다. 출산과 자녀양육을 체계적으로 지원하기 위한 정책 차원의 종합적 프로그램 마련이 요구된다. 지난 5월에 대통령 자문기구로 고령화 및 미래사회위원회가 본격적으로 출범했다. 저출산·고령화 시대에 대비한 슬기로운 정책이 수립되기를 기대한다.

－ 강석인 한국신용정보 사장
<디지털타임스 2004. 10. 18. http://www.dt.co.kr>

어휘와 구절

- 통계청
- 가임여성
- 합계출산율
- 대체출산율
- 종국적
- 야기하다
- 감퇴시키다
- 부양하다
- 연금
- 재정수지
- 동인(動因)

- 근저(根底)

- 실버시장

- 유인하다

- 출산장려정책

- 추진하다

- 산아제한정책

- 대통령 자문 기구

- 출범하다

- 슬기롭다

문법과 표현

- -(으)ㄴ 데 이어

  - 1983년에는 2.08명으로 감소한 데 이어, 2002년에는 1.17명으로 하락했다.

- -는 것 자체만으로도

  - 인구구조가 변하는 것 자체만으로도 많은 사회경제적 문제점을 야기한다.

- -기 마련이다

  - 사회경제적 문제점을 야기하기 마련이다.

  - 노령인구가 증가하여 저축률이 감소하기 마련이다.

- 무엇보다(도)

  - 인구 고령화는 무엇보다 경제 활력을 감퇴시킨다는 문제점을 안고 있다.

• 이와 무관하지 않다
  — 노인 자살자가 급증하는 것도 이와 무관하지 않다.

• -(으)면 -(으)ㄹ수록
  — 각 가정에서 노력하면 할수록 사회 전체의 부담이 가중된다.

이해하기

(1) 2002년 합계출산율은 1970년에 비해 얼마나 줄었습니까?

(2) 앞으로 한국의 인구구조는 어떻게 변화할 것 같습니까?

(3) 인구 고령화의 문제점은 무엇입니까?

(4) 한국의 경우 고령화의 충격이 크게 나타날 가능성이 높은 이유는 무엇입니까?

(5) 앞으로 어떤 산업이 성장할 것 같습니까?

(6) 고령화 대책 방안은 무엇입니까?

(1) 과거에 비해 인류의 수는 매우 많이 증가했습니다. 그에 따라 나타나는 사회적 현상과 자연 환경의 변화 등에 대하여 이야기해 봅시다.

(2) 고령화의 원인에 대하여 살펴봅시다.

(3) 저출산과 고령화의 관련성을 살펴 그 문제의 심각성을 논의해 봅시다.

(4) 저출산과 고령화 문제를 해결하기 위한 방안을 마련해 봅시다.

(5) 고령화나 저출산 이외에 21인류가 당면한 과제에는 어떤 것이 있습니까?

작 문

(1) 고령화 문제를 해결하기 위해 젊은 사람들이 가져야할 바람직한 태도에 대하여 쓰십시오.

09.

생명공학의 미래

성별 · 건강 · 나이 관계없이 배아줄기세포 성공

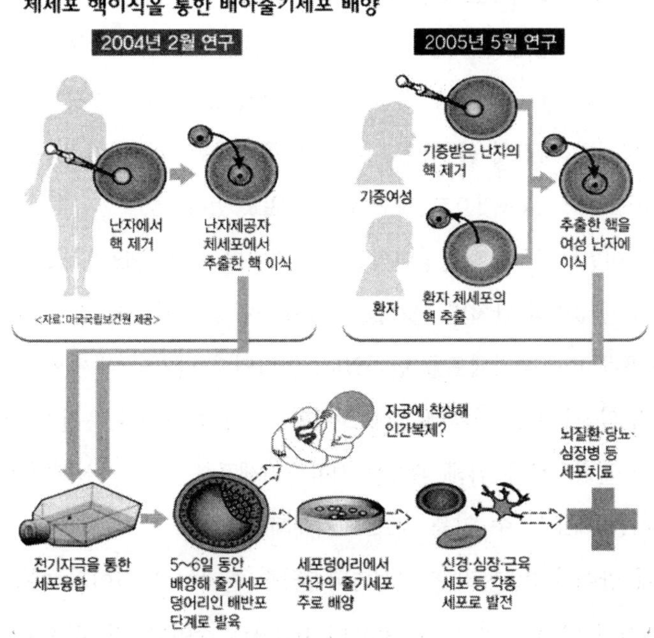

황우석 교수팀 1년 3개월 만에 또 성과

황우석 교수팀의 이번 연구는 사람의 체세포를 이용해 배아줄기세포를 만드는 일이 난치병 환자와 남성에서, 또 다양한 연령층에서 모두 가능하다는 사실을 보여줬다는 데 의의가 있다.

지난해 2월 세계 최초로 여성의 체세포를 이용해 사람 배아줄기세포를 배양하는 데 성공한 지 1년 3개월 만에 이번 성과를 냄으로써 배아줄기세포를 이용한 난치병 치료기술 개발에 큰 걸음을 내딛게 됐다.

세포분화 거쳐 뇌졸중 등 손상세포 대체 길 열어
면역거부반응 해결 등 환자 이식까지 숱한 과제

■**난치병 환자 배아줄기세포 배양 성공** = 이번 연구에서 가장 눈길을 끄는 부분은 체세포를 제공한 11명 가운데 난치병 환자 3명이 포함돼 있다는 것이다.

곧 난치병 환자의 배아줄기세포가 처음 만들어졌고, 이 배아줄기세포는 환자 자신의 것이기 때문에 난치병 치료에 쓸 경우 다른 배아줄기세포보다 면역거부반응 문제를 해결하는 데 더 유리할 수 있을 것으로 과학자들은 보고 있다.

황 교수팀은 이번 연구에 선천성면역결핍증 환자(2, 남)와 소아당뇨병 환자(6, 여), 척수질환자(33, 여) 등 3명의 난치병 환자를 참여시켰다. 척수질환의 경우 환자 자신의 체세포와 난자를 이용해 배아줄기세포를 만들었다. 동일인의 난자와 체세포를 이용해 '완전복제'를 한 셈이다. 완전복제는 난자에 의해 결정되는 미토콘드리아 유전자까지 완벽하게 일치하게 함으로써 질병치료를 위해 배양한 배아줄기세포를 환자 자신에게 이식할 경우 면역거부반응 문제를 해소할 수 있을 것으로 기대되고 있다.

이번 연구에 참여한 2살짜리 선천성면역결핍증 환자는 남자이기 때문에 배아복제를 위해 건강한 여성의 난자가 대신 제공됐으며, 6살짜리 소아당뇨병 환자도 여성이긴 하지만 나이가 어려 역시 다른 사람의 난자가 사용됐다. 나머지 건강에 특별한 문제가 없었던 8명도 다른 여성으로부터 제공받은 난자를 이용했다.

■이성간, 다양한 연령층 배아복제 성공 = 황 교수팀은 이번에 윤리적으로 민감한 반응을 불러일으킬 소지에도 불구하고 남성의 귀, 피부, 장딴지 등에서 떼어낸 세포를 이용해 이성간 배아줄기세포 배양기술을 확보하는 데 성공했다.

황 교수팀이 지난해 2월 『사이언스』를 통해 발표한 배아줄기세포 생산기술은 여성의 난자에서 핵을 빼낸 뒤 해당 여성의 난자 주변에 붙어 있는 난구세포의 핵을 이식하는 방식이었다. 이는 난자를 기증한 여성의 체세포를 다시 자기 난자에 이식한 것으로 생명공학자들은 이런 배아복제 방식을 통상 '완전복제'라고 말한다.

황 교수팀은 이번에 또 어린 여성, 폐경기 여성 등 2살에서 56살까지 다양한 연령층의 체세포를 이용해 배아줄기세포를 만드는 데 성공함으로써 배아줄기세포 치료가 남녀노소를 가리지 않고 모든 사람을 대상으로 이뤄질 수 있다는 가능성을 보여줬다.

■향후 전망 및 문제점 = 배아줄기세포는 인체의 210여 개 장기로 발달할 수 있는 '만능세포'다. 과학자들은 이 세포를 신경 & 심장세포 등 특정세포로 분화시키면 세포치료를 통해 뇌질환에서 당뇨병, 심장병에 이르기까지 수많은 질병을 치료할 수 있을 것으로 보고 배아줄기세포를 만드는 데 노력해 왔다.

이 때문에 이번 연구는 난치병으로 고통 받고 있는 사람들에게 큰 희망을 줄 것으로 전망된다. 하지만 황 교수팀의 연구 성과가 임상에 적용되기 위해서는 선결해야 할 과제들이 아직도 산적해 있다.

우선 배아줄기세포를 특정세포로 분화시킬 수 있는 기술을 확보해야 한다. 또 환자 자신의 체세포를 이용해 배아줄기세포를 만들었지만 미토콘드리아에 들어 있는 '유전자표지 항원 인자'(HLA)가 달라 생길 수 있는 면역거부반응 문제 해소 방안을 찾아야 한다. 환자로부터 유래된 줄기세포는 체내에 주입돼도 역시 같은 질병을 일으킬 수 있다는 주장도

있다. 이와 함께 임상시험에 앞서 반드시 환자와 복제배아줄기세포의 생물학적 특성 규명
이 선행돼야 하며 질환 동물 모델을 이용한 전임상 시험도 이뤄져야 한다.

배아줄기세포를 만드는 과정에서 동물성 시약을 사용하기 때문에 실제 환자에 대한
세포치료 때 바이러스 등 미지의 병원균에 노출될 수 있는 위험성이 상존하는 것도 극복
해야 할 과제다.

– 안영진 기자

<인터넷 한겨레 2005. 5. 20. http://www.hani.co/kr>

어휘와 구절

- 생명공학
- 배아줄기세포
- 체세포
- 난치병
- 큰 걸음을 내딛다
- 세포분화
- 면역거부반응
- 숱하다
- 배양
- 소아당뇨병
- 철수질환
- 완전복제
- 이식하다
- 난자
- 통상
- 폐경기

- 향후
- 임상
- 시약
- 병원균

문법과 표현

- -다는 데 의의가 있다

  — 다양한 연령층에서 모두 가능하다는 사실을 보여줬다는 데 의의가 있다.

- -(으)ㄹ 것으로 기대되고 있다.

  — 배아줄기세포를 환자 자신에게 이식할 경우 면역거부반응 문제를 해소할 수 있을 것으로 기대되고 있다.

이해하기

(1) 황교수 팀의 이번 연구에서 가장 큰 성과는 무엇입니까?

(2) 이 연구에 어떤 난치병 환자가 참여했습니까?

(3) 완전복제란 어떤 것입니까?

(4) 완전복제는 기존의 어떤 문제점을 해결합니까?

(5) 황교수 팀의 앞으로의 과제는 무엇입니까?

(1) 배아줄기세포 배양법에 대하여 그림을 보면서 설명하십시오.

(2) 배아줄기세포 연구의 성공은 인류의 미래에 어떠한 영향을 미칠 것으로 예상 합
    니까?

서로 다른 주장의 글 읽고 이해하기

한 주제에 대해 서로 다른 주장과 근거를 제시하는 글을 읽고 토론을 해 본다. 아래 세 편의 글을 읽고 토론의 질문 내용을 정리한다.

황우석 교수 "치료목적 복제연구 허용돼야"

세계 최초로 사람의 난자를 이용한 배아 줄기세포 배양에 성공한 황우석 서울대 석좌교수는 이러한 연구가 수많은 난치, 불치병치료에 획기적 전기가 될 것이라면서 국제사회가 치료목적의 복제 연구를 금지하려는 일각의 움직임에 제동을 걸 것을 촉구했다.

황 교수는 13일 오전(현지시간) 미국 뉴욕소재 유엔본부에서 기자회견을 열어 세계 각국의 유엔 출입기자와 외교 사절들에게 이같이 촉구한 뒤 "인간복제는 기술적으로 불가능하다"며 복제연구 금지론자들의 우려를 일축했다.

황 교수는 "복제 연구의 초점은 퇴행성 질환 치료법의 발견으로 이어지는 문을 여는 것"이라면서 "복제 배아줄기세포는 당뇨병과 신경질환 등 수많은 질병의 치료에 있어 엄청난 가능성을 제공해주고 있다"고 지적했다. 그는 "그동안의 발견과 성과를 통해 우리는 언젠가 면역거부를 극복함으로써 궁극적으로 재생요법을 현실화할 수 있다는 전망을 갖게 됐다"고 밝혔다.

그는 유엔 회원국 일부가 복제연구를 전면 금지하는 결의안을 제출한데 대해 "여기에서 멈춘다면 과학과 의학에는 엄청난 후퇴가 될 것"이라면서 퇴행성 질환으로 고통 받는 수많은 환자들에게 치료목적의 복제 연구가 유일한 희망임을 잊지 말 것을 촉구했다. 그는 척수신경 손상을 치료하는데 이 같은 기술이 적용될 수 있는지를 알아보기 위해 척수가 절단된 개에게 척수 신경세포를 주입하는 실험과정을 참석 기자들과 외교 사절들에게 보여주기도 했다.

황 교수는 "치료목적의 복제는 질환의 치료에 있어 엄청난 잠재력을 갖고 있는 것도 사실이지만 우리가 복제한 몇몇 동물의

경우 선천성 기형이 나타났다"면서 "우리의 이러한 경험과 실험결과를 통해 인간 복제를 강력히 반대하게 됐다"고 치료목적의 복제와 인간 복제는 전혀 별개의 문제임을 거듭 강조했다.

이날 회견은 미국과 코스타리카를 비롯한 중남미 국가들이 중심이 된 복제연구전면금지 결의안과 한국, 유럽, 일본 등이 제출한 치료목적 복제연구 허용 결의안을 두고 벌이는 유엔 토의와 표결을 앞두고 유리한 여론 조성을 위해 주 유엔 한국 대표부와 유전학정책연구소(GPI), 의학연구 진보연맹(CAMR) 등 치료목적 복제를 옹호하는 미국 비정부기구(NGO)들이 공동 주최했다.

회견에서는 최근 사망한 영화배우 출신의 전신마비 장애인 크리스토퍼 리브가 "치료법을 찾지 못해 고통 받는 수많은 사람들에게 희망을 주기를 바란다"며 유엔이 올바른 결정을 내려주기를 호소하는 비디오 메시지도 방영됐다. 또 불치, 난치병 환자들도 참석해 자신들에게는 "마지막 희망"과 다름없는 치료목적 복제 연구를 통한 치료법 개발을 위해 유엔이 적극 나설 것을 호소했다.

— <인터넷 한겨레(뉴욕/연합뉴스) 2004. 10. 14. http://www.hani.co.kr>

① 문제 상황은 무엇인가?	
② 주장의 핵심은 무엇인가?	
③ 주장의 근거는 무엇인가?	

④ 주장의 허점(오류)은 무엇인 가?	
⑤ 그 허점은 무엇에서 기인하는 가?	
⑥ 주장에서 설득력 있는 내용은 무엇인가?	

유전, 생명공학의 반 생명적 요소

1. 인간배아복제

● 배아(Embryo)란 :

정자와 난자가 만나 형성된 수정란이 세포분열을 시작한 직후부터 자궁에서 착상돼 태아가 되기 전까지를 말합니다.

● 배아간세포(Embryo Stem Cell)란 :

장차 심장이나, 폐 등 각종 장기로 자라날 수 있는 만능 세포로 보통 초기 단계 배아에서 추축한 세포를 배양해 만들어 내며 궁극적으로 신체의 모든 조직과 기관을 만드는 기본 단위입니다.

● 배아연구 분야

간세포 배양기술을 활용한다면 세포가 분화하는 과정의 신비를 밝혀 궁극적으로는 인간의 노화현상을 밝혀낼 수 있을 것이고, 또 배아간세포로부터 특정 세포로의 분화법이 개발되면 그 세포의 결핍에 의해 초래된 질환의 치료가 가능해집니다.

예로써 혈액암 환자에게는 건강한 골수를 , 당뇨병 환자는 인슐린을 생산하는 췌장을, 치매 환자에게는 건강한 신경조직을 배아세포로부터 이식 받을 수 있으며, 그 외에도 난치병 치료를 위한 신약 개발에도 무한한 잠재력을 발휘할 수 있습니다. 현재 배아기술이 가장 활발하게 응용되고 있는 분야는 시험관 아기 등 불임치료인데 대부분의 불임은 초기 배아 발생과정의 이상으로 초래됨으로 간세포배양을 이용한 초기 배아 발생과정 연구는 각종 불임치료에 크게 이바지할 것입니다.

배아복제가 가장 크게 주목받고 있는 이유는 부작용 없는 장기의 무제한 제공 가능성 때문입니다.

● 배아연구 반대 이유

배아연구가 시민단체와 종교계의 거센 반대에 부딪치는 이유는 과학자들과의 인간배아에 대한 근본적 시각 차이 때문입니다.

과학자들은 수정 후 14일 이전의 배아 연구는 윤리적으로 문제가 되지 않으며 의학 발전과 인류의 건강 증진을 위해서 인간배아복제기술을 제한적으로나마 허용해야 한다는 입장이고, 시민, 종교단체에서는 인간의 생명은 수정부터 시작된다고 믿고 있어 인간 배아도 엄연한 생명체임으로 어떠한 경우에도 연구에 이용되어서는 안 된다는 주장입니다.

● 첫 번째 문제점 :

전통적 윤리, 가치관의 붕괴를 들 수 있는데, 예로써 동물의 정상 개체발생은 암수의 결합에 따른 생식세포간의 수정에 의해서만 가능한 것으로 지금까지 알려져 있었으나 최근 생식세포가 아닌 체세포를 이용한 핵이식기술이 발전되면서 복제동물의 생산이 본격적으로 이루어지고 있습니다.

따라서 생식에 대한 전통적 개념이 붕괴와 함께 동물의 난자에 사람의 세포핵을 이식시키는 것과 같은 사람과 동물의 교잡행위가 가능해졌고, 이에 따른 인간의 존엄성 침해가 심각히 우려됩니다.

● 두 번째 문제점 :

배아복제를 통한 기술 축적은 결국 적절한 이유와 함께 인간 개체 복제로 가는 길이 열릴 것이라는 점 이외에도 복제로 인한 인간의 다양성과 개성의 상실, 복제된 인간의 자유 박탈문제, 복제 인간 탄생시 전통적 인간관계의 파괴와 같은 문제점들이 지적되고 있습니다.

● 세 번째 문제점 :

시험관아기 등 불임시술 후 남은 잉여 배아가 병원마다 쌓여가고 영국이 지난 1996년 3000개 이상의 냉동배아를 폐기 처분한 사실을 알고서 기왕 버려질 냉동배아를 배아간세포 연구에 이용하게 되었다고 밝혔으며, 우리나라도 80만개 이상 냉동배아가 병원마다 방치되고 있는 실정입니다.

2. 대안책

인간배아복제 대안으로 태반과 탯줄을 이용한 연구를 제시하였는데 태반이나 탯줄은 인간배아처럼 생명은 아니면서 치료목적 줄기세포를 얻을 수 있다는 연구 가능성을 제시하였습니다. 출산 후 추축물인 태반이나 탯줄은 당연히 인간 신체 다루듯 신중하게 다루어져야 하지만 인간 생명 증진에 이용된다면 이 역시 인간 존엄성 존중의 한 모습이라 할 수 있습니다.

비록 복제배아에 비해 치료를 위한 줄기 세포의 양은 적지만 태반과 탯줄에서도 원하는 것을 얻을 수 있다면 이 방향의 연구는 당연히 지금까지 수많은 논쟁을 종지부 찍으면서 인간 존엄성을 존중하고 드러내는 연구가 될 것입니다.

– <국제 생명운동 한국지부, http://www.hli-korea.org/>

① 문제 상황은 무엇인가?	
② 주장의 핵심은 무엇인가?	
③ 주장의 근거는 무엇인가?	
④ 주장의 허점(오류)은 무엇인가?	
⑤ 그 허점은 무엇에서 기인하는가?	
⑥ 주장에서 설득력 있는 내용은 무엇인가?	

줄기세포 논쟁 깊게 보기

　작년에 이어 황우석 교수가 또 줄기세포연구에서 세계적인 업적을 이루어냈다고 언론에 보도되었다. '산업혁명을 능가하는 생명과학혁명', '황우석 쓰나미', '의학계의 아인슈타인' 등등으로 대서특필되는 기사에 국민과 정치권이 감격하는 모습을 보이는 것도 작년과 비슷하다. 이에 파묻혀 작년에 『네이처』지와 한국생명윤리학회에서 난자채취의 적법성에 의문을 제기하였으며, 또 올해 3월말에는 기독교계에서 배아연구를 허용한 생명윤리법에 대하여 헌법소원심판청구를 하였다는 사실은 거의 잊혀지거나 무시되고 있다. 오직 미국의 조지 부시 대통령이 황 교수 팀의 연구에 반대의사를 밝힌 사실만 눈에 띄는 기사거리가 될 뿐이다.

　나는 여기서 배아줄기세포에 대한 해묵은 윤리적 논란의 내용을 다시 끄집어내고 싶지는 않다. 다만 이제는 감격과 흥분을 좀 차분히 가라앉히고 이러한 논란이 계속되는 근본적 원인에 대하여 한번 우리 모두가 더 깊이 들어가 살펴보았으면 하는 생각이다. 배아줄기세포를 둘러싼 윤리적 논란의 핵심당사자들은 과학계와 종교계이다. 사람들은 종교와 과학 사이의 대립은 피할 수 없는 것이며, 그 유명한 사례로서 갈릴레오 재판과 창조론-진화론 논쟁 등을 곧잘 떠올리곤 한다. 이 사례들에서 보듯이 과학은 시대를 앞서서 객관적 진리를 밝히는 합리성의 화신이고, 종교는 독단적 교리에 사로잡혀 낡은 세계관과 윤리를 고집하는 비합리적 세력으로 연상되는 경향이 있다.

　그러나 사회학자 막스 베버는 과학과 종교를 합리성 대 비합리성의 이분법으로 보는 태도를 비판하였다. 그는 인간의 모든 사회적 행위를 전통적 행위,

감정적 행위, 도구합리적 행위, 가치합리적 행위의 네 가지 유형으로 나누었다. 과학은 자신의 목적을 위해 가장 효율적인 수단을 탐색하고 추구한다는 점에서 대표적인 도구합리적 행위의 하나라 할 수 있다. 반면에 종교는 성공 전망과는 무관하게 어떤 가치에 대한 자신의 신념에 따라 목숨도 바칠 수 있는 가치 합리적 행위의 대표적 유형이다. 그러므로 배아줄기세포를 둘러싼 과학과 종교의 갈등은 차원이 다른 두 합리성 사이의 갈등이지 결코 합리성 대 비합리성 사이의 갈등은 아니다.

황우석 교수를 비롯한 과학자들은 난치병 치료라는 목적을 위해 배아줄기세포가 가장 뛰어난 수단임을 강조한다. 반면에 종교계에서는 인간의 존엄성과 배아의 생명권이라는 가치가 배아줄기세포의 수단적인 효율성보다 중요하다고 주장한다. 일견 끝이 안 보이는 이러한 논리싸움의 쳇바퀴에서 벗어나기 위하여 우리는 베버의 통찰을 다시 한번 음미해볼 필요가 있다. 그는 근대의 도구적 합리성이 프로테스탄트의 종교적 윤리에서 나온 것이며, 과학연구의 목적과 동기는 오늘날도 여전히 특정한 가치판단에 따른 것임을 지적한다. 그런데 과학과 도구적 합리성이 가치합리성을 부정하고 사회를 지나치게 지배하게 되면, 삶은 목적과 의미를 상실하고 인간은 자유로워지기는커녕 오히려 '쇠우리'에 갇히는 역설적 결과를 초래한다고 그는 경고하였다.

이제 과학은 도구적 합리성만을 추구할 것이 아니라 자신이 얼마나 건강한 가치에 뿌리를 두고 있는지를 살펴야 한다. 종교도 교리에 따라 자신의 가치만을 고집할 것이 아니라 사회의 다양한 가치들과 대화하고 관용하는 자세를 배워야 한다. 과학이나 종교나 자신의 입장에서 사회를 지도하려 들지 말고, 오히려 사회의 여러 목소리들을 경청하고 자신의 기존 입장을 바꿀 수 있는 민주적 태도를 체화해야 할 것이다.

– 김환석, 국민대 사회학과 교수 · 시민과학센터 소장

<인터넷 한겨레 2005. 5. 23. http://www.hani.co.kr>

① 문제 상황은 무엇인가?	
② 주장의 핵심은 무엇인가?	
③ 주장의 근거는 무엇인가?	
④ 주장의 허점(오류)은 무엇인가?	
⑤ 그 허점은 무엇에서 기인하는가?	
⑥ 주장에서 설득력 있는 내용은 무엇인가?	

다른 주장의 글 읽고 토론하기

(1) 앞의 세 편의 글을 읽고 다음 질문에 대답해 보십시오.

① 문제 상황은 사회적으로 어떤 가치가 있으며 어느 정도의 핵심 사항인가?	
② 찬성과 반대 두 주장은 통합할 수 있는가, 없는가?	
③ 새로운 관점을 제시할 수 있는가?	

④ 두 주장과 다른 주장을 할 수 있는가?	
⑤ 자신의 주장 근거는 무엇인가?	

(2) 찬성과 반대로 나뉘어 '배아복제' 문제에 대하여 토론을 합니다.

〈토론하면서 메모하기〉

긍정측 의견	반대측 의견

작 문

토론한 내용을 바탕으로 '배아복제' 문제에 대하여 찬성과 반대 중 자신의 입장을 표명하고 논리적 주장의 글을 씁니다.

(1) 아우트라인 작성하기

(2) 완결된 글쓰기

10.

학문적 연구의 필요성

언어에 대한 이해

언어라는 것은 무엇이며 언어는 왜 연구하는가? 언어라는 것은 마치 우리 생활에 있어서 공기나 물과 같은 것이어서 보통 때는 그 필요성을 절실히 느끼지 못하지마는, 공기나 물이 없으면 우리의 생존이 위협을 받듯이, 언어가 없으면 생존은 가능하겠지만 사회생활은 불가능해진다. 그런데도 우리는 외국어를 배울 때 이외는 별로 언어에 대해서 관심을 기울이지 않는다. 언어라는 것은 자명한 것이라고 생각하는 것이다. 그렇지만 언어의 여러 가지 신비한 현상에 대해서 우리가 알고 있는 바는 그리 깊지 못 하다.

언어와 우리의 생활과의 관계가 깊은 만큼 언어 연구의 필요성도 크다. 언어상의 장애가 어느 정도로 인간의 상호 이해를 막고 있는가, 세계 언어는 필요한 것이며 그 제정이 가능한 것인가, 아이들에게 어떻게 언어교육을 할 것인가, 표준어의 제정과 맞춤법의 통일은 어째서 필요한 것이며, 그것은 어떻게 할 것인가 등에 대해 설사 최종적인 해답은 하지 못 한다 하더라도 적어도 이런 문제를 이해하려면 언어에 대한 본질적인 연구가 없어서는 안 된다.

언어에 대한 이해는 다른 분야에 대해서도 공헌하는 바가 크며 또 관계가 깊다. 철학에 대해서는, 철학적 사고와 이론 정립의 매개로서의 언어의 본질이 무엇인가, 언어와 논리의 관계는 무엇인가, 철학적 사고의 오류는 언어의 사용과 어떠한 관계가 있는가 등의 문제가 제기될 수 있다. 언어 이해는 인간의 사고능력의 형성과정을 연구하는 데 공헌함으로써 심리학에도 관계가 있다. 이밖에 사회학, 인류학 등에도 공헌하는 바는 크다. 언어와 문화와의 관계는 불가분리의 것이기 때문이다.

그러나 무엇보다도 언어는 우리의 협동생활, 문화생활, 사회생활의 기본적인 수단이요, 모든 우리 주변생활에 있어서 가장 중요한 역할을 하는 것이기 때문에 언어에 대한 이해를 게을리 할 수 없는 것이다. 언어는 또 우리의 정신생활에 있어서도 기본적인 역할을 하는 것이므로 언어에 대한 이해가 없이 자기 자신 혹은 인간을 이해한다고 할 수가 없다.

언어학이란 것은 한마디로 말해서 언어에 대한 과학적인 연구를 하는 학문 분야이다. 마치 우리가 낯선 기계를 대했을 때, 순전히 호기심에서 혹은 그것이 어떻게 돌아가는가를 알기 위해 부분품 하나하나를 뜯어서 보듯이, 언어학자는 언어 구조를 파헤쳐 뜯어보고 언어의 내적인 구조적 현상을 기술한다. 기계공 같으면 뜯어 놓은 부분품을 다시 틀에 맞추어 놓겠지만 언어학자는 말을 뜯어 본 결과를 기술한다. 이렇게 기술된 것이 곧 그 언어의 문법이다.

언어에 대한 기술은 그 실용적 목적을 염두에 두고 행하는 것이 아니다. 자연과학자들이 순수한 탐구심에서 외부세계에 대한 지식을 넓히기 위해서 그 연구 결과를 어떻게 활용하겠다는 목적의식을 갖지 않고 연구를 하는 것처럼 언어학도 언어에 대한 순수한 탐구심에서 연구를 하는 것이다. 바꾸어 말하면 언어학은 순수과학의 하나다.

- 남기심, 「언어에 대한 이해」, 『대학국어』, 한국방송통신대학교, 1993.

- 자명하다
- 제정
- 표준어
- 맞춤법
- 공헌하다
- 매개
- 철학
- 심리학
- 사회학
- 인류학
- 불가분리
- 순전히
- 호기심
- 외부세계
- 순수과학

문법과 표현

- 설사 -지 못 한다 하더라도

  — 언어와 우리 생활의 관계에 대해 설사 최종적인 해답은 하지 못 한다 하더라도 적어도 이런 문제를 이해하려면 언어에 대한 본질적인 연구가 없어서는 안 된다.

- -을/를 게을리 하다

  — 언어에 대한 이해를 게을리 할 수 없다.

(1) 이 글의 주제는 무엇입니까?

(2) 언어를 무엇에 비유하고 있습니까?

(3) '언어라는 것은 자명한 것이라고 생각하는 것이다'의 뜻은 무엇입니까?

(4) 언어에 대한 본질적인 연구가 필요한 이유를 크게 두 가지로 꼽아 보십시오.

(5) 언어 본질과 철학의 관계는 어떻습니까?

(6) 언어 본질과 심리학의 관계는 어떻습니까?

(7) 언어학의 정의는 무엇입니까?

(8) 언어학을 순수과학으로 규정하는 이유는 무엇입니까?

이야기해 봅시다

(1) 언어의 기능에 대하여 토의해 봅시다.

(2) 의사소통의 도구에 대하여 알아봅시다.

(3) 언어에 대한 이해가 다른 학문에 공헌하는 바를 더 찾아봅시다.

(4) 언어를 학문적으로 연구하는 방법은 무엇인지 살펴봅시다.

(5) 언어를 학문적으로 연구하는 이유와 그 필요성에 대하여 토의해 봅시다.

작 문

(1) 여러분의 전공은 무엇입니까? 왜 그 전공을 선택하게 되었는지 써 봅시다.

(2) 자신의 전공 학문을 정의하고 연구대상, 연구의 필요성, 연구 방법, 연구의 가치 등에 대하여 설명하십시오.

11.

한국의 국화와 한국인

무궁화

유달영

나라마다 나라꽃이 있다. 미국은 주마다 주의 꽃이 정해져 있다. 우리나라에서는 법으로 정한 일도 없이, 자연스럽게 무궁화가 국화(國花)로 굳어졌고, 또 국민들은 이 꽃을 사랑해 왔다.

일제 강점기에는 무궁화를 뜰에 심는 것조차 일인(日人) 관리들이 몹시 단속(團束)했고, 무궁화로 한반도 지도를 수놓아 벽에 거는 것은 거의 반역죄(反逆罪)를 범한 것처럼 다루었다. 일제 강점기에 우리가 노예와 다름없는 생활을 해 오는 동안에도, 무궁화에 대한 애틋한 사랑은 많은 사람들의 가슴 속에 뿌리 깊이 자랐다. 남궁 억(南宮檍) 선생은, 강원도 홍천 보리울에서 청소년들에게 한국 역사를 가르치기도 하고, 무궁화 묘목을 다량으로 길러 널리 나누어주기도 하면서, 민족을 사랑하는 정신과 용기를 길러 주었다.

…(중략)…

그러나 일제 강점기에 우리 민족이 나라의 상징으로 무궁화를 깊이 사랑해 온 역사적 사실을 굳이 상기(想起)하지 않더라도, 무궁화는 가꾸어 보면 볼수록 특유의 아름다움을 깊이 느끼게 하는 정원수(庭園樹)라고 원예가들은 말한다.

1956년, 나는 세계적으로 유명한 뉴욕 식물원을 방문한 일이 있다. 그 식물원은 규모의 방대함은 물론, 내용의 충실함에서도 세계적으로 손꼽히는 식물원이었다. 그 식물원의 본관 앞뜰에는 여러 그루의 큰 무궁화나무가 있었는데, 꽃이 흐드러지게 핀 아름다운 광경은 내 기억에서 한평생 지울 수 없는 인상 깊은 것이었다. (중략) 나는 식물원 간부에게 이 꽃이 바로 우리 한국의 국화라고 버젓하게 자랑할 수가 있었다. 그는, 당신 나라는 참으로 좋은 꽃을 국화로 정하였다고 칭찬하면서, 식물원 심장부에 화려하게 핀 무궁화의 꽃 숲을 새삼 자랑스럽다는 듯이 바라보았다. 나도 그 찬란한 무궁화 숲이 마치 우리나라의 환상인 양 도취되어 바라다보았다. 참으로 흐뭇한 심성이었다.

오늘날엔 무궁화의 품종도 80여 종으로 다양하게 육종(育種)되었다. 나는 여러 종류의 무궁화 중에서 가장 한국적인 아름다움을 지닌 것은 백색 단심 무궁화라고 생각하고 있다. 그 깨끗하고 흰 꽃잎의 화심 깊숙하게 또렷이 자리잡은 짙은 보랏빛 심문은, 일편단심(一片丹心)을 상징하는 듯 야무지게 선명하다. 그리고 눈같이 흰 백색 홑무궁화도 높은 기품을 느끼게 한다. 그러나 어디서나 흔히 볼 수 있는, 불그데데하고 광택이 없는 무궁화는 혜식어 보인다. 무궁화가 아름답지 않다고 하는 사람들은 대개 이런 무궁화만을 보아 온 사람들일 것이다. 근래에 육종된 천엽(千葉)과 반천엽 무궁화는 현대미를 느끼게 하는 멋진 꽃들이다.

서울에서 수원으로 가는 길 양편에는 무궁화 나무들이 심어져서, 초여름부터 가을까지 제법 호화롭게 꽃이 핀다. 내가 교편을 잡고 있는 대학에 교환 교수로 와 있던 한 외국인 교수는, 바로 이 무궁화가 자기를 무한히 즐겁게 해 준다고 여러 번 말한 일이 있다. 아침에 통근 버스를 타고, 이슬을 담뿍 머금은 단심 무궁화를 차창(車窓)으로 바라보면, 어지러운 세상사에 시달린 우리들의 가슴에도 꽃무늬가 아롱지는 듯 저절로 즐거워진다.

우리 본래의 무궁화는 홑꽃인데, 날마다 새로 피고 그 날로 지고 만다. 그러므로 아침에 보는 꽃은, 몇 만 송이가 피든지 모두 그 날 새벽에 새로 핀 꽃들이다. 기나긴 개화기간 동안 아침마다 새 꽃이 피고, 저녁에는 시들어서 떨어진다. 피고 지고, 지고 핌은 초여름에서 가을까지 지치지 않고 계속된다. 이름 그대로 무궁화이다.

사람의 70 평생도 보기에 따라서는 하루살이와 다를 것이 없다. 그러나 아무리 사람의 짧은 일생이라고 하더라도, 무슨 형태로든지 인간의 역사에 자신의 지혜와 착한 생각을 나름대로 꽃피워 이어 간다. 유구한 인류의 역사도 따지고 보면 짧은 인생의 연속(連續)으로 이루어지는 것이다. 날마다 피고 지는 한 송이 한 송이의 무궁화를 덧없이 짧은 인간의 생명에 비긴다면, 초여름부터 가을까지 꾸준하게 계속되는 긴 화기(花期)는 줄기차게 이어져 융성하는 인류의 역사를 상징하는 듯하다. 어떤 이는, 줄기차고 억센 자강불식(自強不息)의 사나이 기상을, 피고 지고 또 피는 무궁화에서 찾아볼 수 있다고 말한다.

이른 새벽에 활짝 피고, 저녁에 봉오리처럼 도로 오므라져 조촐하게 떨어지는 무궁화는 다른 꽃들처럼 그 뒤가 어지럽지 않다. 이것도 무궁화의 큰 특색의 하나이다. 무궁화는 아침 태양과 함께 피어나서 저녁 태양과 함께 운명을 같이한다. 저녁에는 태양이 서산으로 지지만, 이튿날 아침에는 장엄한 새 태양으로 동녘 하늘에 솟아오른다. 무궁화는 이러한 태양과 일맥상통하는 특유한 꽃이다.

무궁화를 중국 고전에서는 순(舜)이라고 했다. 공자(孔子)가 애독하던 시경(詩經)에 '안여순화(顏如舜華)'라는 말이 있다. 얼굴이 어찌 예쁜지 마치 무궁화 같다는 뜻이다. 옛날 사람들이 무궁화를 얼마나 아름답게 보았는지는 이것만으로도 짐작할 수가 있을 것이다. 그리고 중국의 고전인 산해경(山海經)에는 "군자의 나라에 목근화(무궁화)가 많다."라는 말이 있다. 예로부터 우리나라를 근역(槿域)이라고 일컬어 왔고, 근래에는 무궁화 삼천리 금수강산(錦繡江山)이라고 일컫는다. 무궁화는 이처럼 역사적으로 유서(由緒)가 깊은 꽃이다.

무궁화는 씨나 꺾꽂이로도, 또 포기나누기로도 쉽게 번식시킬 수 있다. 그리고 나무의 크기가 정원수로 알맞은 중형이어서 어느 곳에 심어도 보기 좋고, 또 토양 선택이 까다롭지 않아서 어디서나 잘 자란다. 참으로 민중(民衆)과 친근한 꽃이라고 하겠다.

꽃과 씨와 껍질과 뿌리는 모두 소중한 의약재(醫藥材)로 쓰이며, 꽃과 잎은 차로, 그리고 껍질의 섬유는 고급 종이의 재료로 쓰인다. 무궁화는 백방으로 실속 있는 꽃나무라고 하겠다.

무궁화에 대한 국화로서의 시비보다는 무궁화를 아끼고 더욱 아름답게 가꾸려는 마음씨가 소중할 것 같다. 무궁화가 벌레가 많다고 하지만, 벌레는 구제하면 될 것이고, 꽃도 오늘날 발달되어 가는 최신의 육종 기술로 더욱 다채롭게 개량해 가면 될 것이다. 무궁화가 만일 전통을 소중히 여기는 영국이나 프랑스의 국화였더라면, 국화 시비론(國花是非論) 따위는 나올 여지도 없었을 것이다. 그리고 무수한 품종이 육성되어, 오늘의 장미처럼 온 세계로 널리 퍼져 재배되었을 것으로 생각된다.

우리가 항상 역사적인 제 것을 소중히 여기고 간직하면서 끊임없이 새 것을 찾아 소화해 나가는, 보수성(保守性)과 진취성(進取性)의 양면을 다 함께 지니지 않고서는 앞서 가는 문화 민족이 될 수 없다. 국민 각자가 좋은 품종의 무궁화를 곳곳에 심어서 무궁화 동산을 만들어 간다면, 우리나라가 얼마나 아름다울 것이며, 또 우리 국민들의 마음은 얼마나 깨끗하게 순화될 것인가 여러 모로 생각해 본다.

- 유달영, 「무궁화」, 『중학교 3-1 국어』

어휘와 구절

- 국화(國花)
- 일제 강점기
- 반역죄
- 애틋하다
- 규모의 방대함
- 내용의 충실함
- 흐드러지다
- 버젓하다
- 찬란하다

- 흐뭇하다

- 심문

- 일편단심

- 기품

- 불그데데하다

- 헤식다

- 천엽(千葉)

- 호화롭다

- 교편을 잡다

- 아롱지다

- 하루살이

- 융성하다

- 자강불식(自强不息)

- 조촐하다

- 장엄하다

- 동녘

- 안여순화(顔如舜華)

- 삼천리 금수강산(錦繡江山)

- 유서(由緒)가 깊다

- 포기나누기

- 백방으로 실속 있다

- 순화되다

● -인 양

　-무궁화 숲이 마치 우리나라의 환상인 양 도취되어 바라다보았다.

● 한평생 지울 수 없다

　-꽃이 흐드러지게 핀 아름다운 광경은 내 기억에서 한평생 지울 수 없는 인상 깊은

것이었다.

● -기에 따라서는

　-사람의 70 평생도 보기에 따라서는 하루살이와 다를 것이 없다.

이해하기

(1) 무궁화는 한국 국민들에게 어떤 존재 가치가 있었습니까?

(2) 백색 단심 무궁화를 가장 한국적인 아름다움을 지닌 꽃이라고 생각하는 이유는 무
   엇입니까?

(3) 무궁화의 식물학적 특징은 무엇입니까?

(4) '무궁화'라는 이름이 뜻하는 것은 무엇입니까?

(5) 무궁화의 실용성은 무엇입니까?

(1) 국가의 상징물을 알아봅시다.

(2) 여러분 나라의 국화에 대하여 소개해 보십시오.

작 문

(1) 이 글의 형식 문단은 13개이다. 내용 문단으로 묶고 소주제 문장을 써 봅시다.

(2) 여러분 나라의 국화는 무엇입니까? 국화에 대하여 설명하고 그 의미를 써 봅시다.

12.

한국 국기의 의미

태극기(太極旗)

국기는 한 나라의 권위와 존엄을 상징하는 표상으로서, 나라의 전통과 이상을 특정의 빛깔과 모양으로 나타낸다. 태극기는 대한민국의 국기(國旗)로 한국의 국민정신과 주권을 대표하는 숭고한 표현의 상징물이다.

한국 역사에서 국기가 맨 처음 만들어졌던 조선왕조 시대 때에는 나라의 이름인 '조선'과 함께 '조선국기'라고 불렀다. 현재의 태극기라는 말이 나오기 시작한 것은 1919년 3월 1일 민족대표 33인이 독립선언을 하던 때로 거슬러 올라간다. 한국의 주권을 빼앗은 일본을 향해 독립운동가들이 1919년 3월 1일 정오에 맞춰 서울 탑골공원에서 독립선언문 낭독과 함께 전국적으로 '대한독립만세운동'을 펼치기로 하였다. 이날 참여한 모든 국민들은 남녀노소를 가리지 않고 손에 기(旗)를 들고 나오기로 하여, 기(旗)를 제작하였다. 그 때만해도 '조선국기'로 부르던 국기 이름을 일본인들이 알아차리지 못하도록 하기 위해 '태극기'로 바꿔 부르자고 약속을 한 뒤부터는 태극기가 새롭게 퍼지게 되는 계기가 되었다.

태극기는 길이와 너비가 3 : 2 비율이고, 흰색 바탕에 원을 이룬 태극문양과 4괘로 구성된다. 태극기 평화(平和)·단일(單一)·창조(創造)·광명(光明)·무궁(無窮)·조화(造化)·평등(平等)을 상징한다.

① 흰색 바탕 : 평화

바탕의 흰색은 영토(領土)를 의미한다. 밝음과 순수, 그리고 전통적으로 평화를 사랑하는 우리의 민족성을 뜻하는 것이다.

② 태극 원형 : 단일

모양이 어느 한쪽으로 치우치지 않고 항상 동그랗고 어느 곳을 축으로 하여 돌고 돌아도 항상 제자리로 돌아오는 속성처럼 낮과 밤이 주기적으로 반복하며 생명을 지켜주는 우주의 섭리를 의미한다.

③ 태극 문양(太極紋樣) : 창조

국민(國民)을 나타낸다. 가운데 태극 문양은 파란색 음(陰)과 빨간색 양(陽)으로 하늘과 땅의 의미도 있지만 음과 양의 조화를 상징하는 것으로 우주 만물이 음양의 상호 작용에 의해 생성하고 발전한다는 대자연의 진리를 형상화한 것이다.

④ 4괘 : 네 귀퉁이의 4괘는 정부를 표현한다.

건(乾)	좌측 상단 3	하늘(天), 봄(春), 동(東), 인(仁)
이(離)	좌측 하단 4	해(日), 가을(秋), 남(南), 예(禮)
감(坎)	우측 상단 5	달(月), 겨울(冬), 북(北), 지(知)
곤(坤)	우측 하단 6	땅(地), 여름(夏), 서(西), 의(義)

●건곤 : 무궁한 발전

무궁한 천지를 태극기는 담고 있다. 또한 태극 도형의 청, 홍의 음양 곡선은 머리와 꼬리를 물고 끝없는 선회를 하는 것으로, 우리 민족의 역사가 무궁하게 발전한다는 것을 뜻한다.

●리감 : 광명

일월이 함께 비치니 광명천지를 나타낸다. 우리나라와 민족은 예로부터 광명을 숭상했음을 나타내고 있다.

⑤ 괘의 3효(爻) : 천지인의 조화

태극의 이론은 만물이 자연의 원칙을 벗어나지 않으면서 서로 방해하지 않는다는 데 있으며, 이는 예로부터 자연과의 조화를 삶의 원칙으로 여겼던 우리의 민족성을 나타낸 것이다.

⑥ 태극과 균등한 4괘 : 평등

태극과 4괘가 전체적으로 음과 양이 균등할 뿐만 아니라, 천지일월이 서로 마주 보는 관계에 있는 것은 우리의 평등사상을 말해 주는 것이다.

태극기의 효시는 우주시생(宇宙始生)의 근본체인 태극을 상징한 것으로서 이 태극 도형이 나라의 상징으로 여겨진 것은 서기 682년경 신라(新羅) 31대 신문왕 때부터라고 볼 수 있다. 이는 경북 용담 부락에 있는 감은사에서 발견된 태극도형 조각과 그 좌우편으로 여덟 개의 수직 일자 홈이 일정한 간격을 두고 새겨져 있는 길다란 석재품으로 입증되는데 양편 여덟 개의 수직선은 8괘(八卦)를 뜻하는 것으로서 서기 682년경의 작품으로 미루어보아 당시의 사회상은 왕실 즉 정부에서나 시공할 수 있는 작업이었을 것이며, 나라의 상징으로 여겨지는 표시임에 틀림이 없다. 그 다음으로 고려인종(高麗仁宗) 때 허재의 석관에서 발견된 도형은 서기 1144년에 새겨진 것으로서 이 태극 도형이 바로 국기적(國旗的) 상징으로 고려시대에도 널리 썼음을 입증한다.

지금까지 전해진 바에 의하면 최초의 태극기는 박영효(朴泳孝)가 창안, 도안한 것으로 대부분을 알고 있으나, 시사신보(時事新報)가 발견됨으로써 최초의 태극기는 고종(高宗) 황제가 직접 창안하였음이 밝혀졌다. 그 기사의 내용을 보면 고종 황제가 일본 수신사로 떠나는 박영효의 일기 사화기략(使和記略)에도 기록되어 있다. 즉, 4각 형태의 흰색 바탕에 폭부분 5분의 2를 중심 삼아 태극을 그려 청색과 홍색을 칠하고 네 귀퉁이에 4괘가 바라보도록 만든 새 국기를 임시 숙소(고베의 니시무라야) 옥상에 휘날림으로써 국왕(고종)의 명령을 다 받들었다는 내용이 곧 최초의 태극기를 창안하고 도안하였음을 잘 증명하고 있다.

그러나 이렇게 만들어진 당시의 태극기는 다만 태극을 한가운데 두고, 네 모퉁이에 건(乾), 곤(坤), 이(離), 감(坎)의 4괘를 배치한 것일 뿐, 확고한 규격과 도식을 규정하지 않았기 때문에 태극의 음양이나 네 괘의 배치가 통일되지 않아, 어느 것이 올바른 것인지조차 알 수 없었다. 그러다가, 1948년 8월 15일 대한민국 정부 수립을 하게 된 다음해에 정확한 국기를 만들어 쓰게 되었다.

- 민족대표 33인
- 주권
- 탑골공원
- 독립선언문
- 낭독
- 대한독립만세운동
- 태극문양
- 4괘
- 주기적
- 우주의 섭리
- 문양
- 형상화
- 귀퉁이
- 선회
- 3효(爻)
- 신라(新羅)
- 일자 홈
- 고려(高麗)
- 창안
- 시사신보(時事新報)
- 수신사
- 확고하다

● -던 때로 거슬러 올라가다

  ― 태극기라는 말이 나오기 시작한 것은 독립선언을 하던 때로 거슬러 올라간다.

● 남녀노소를 가리지 않다

  ― 이 날 참여한 모든 국민들은 남녀노소를 가리지 않고 손에 기를 들고 나왔다.

● -(으)ㄴ 바에 의하면

  ― 지금까지 전해진 바에 의하면 최초의 태극기는 박영효가 창안, 도안한 것으로 대부분 알고 있다.

● -(으)ㅁ으로써

  ― 새 국기를 옥상에 휘날림으로써 국왕의 명령을 다 받들었다.

  ※ ● 어미(語尾) '-(으)므로' : 그가 나를 믿으므로 나도 그를 믿는다.
      ● 조사(助詞) '(-ㅁ, -음)으로(써)' : 그는 믿음으로(써) 산 보람을 느꼈다.

이해하기

(1) 국기란 어떤 의미를 가진 상징물입니까?

(2) '태극기'라고 불리게 된 것은 언제입니까?

(3) 흰색 바탕이 의미하는 한국인의 민족성은 무엇입니까?

(4) 태극 문양에는 어떤 뜻이 담겨 있습니까?

(1) 거리에서 국기를 쉽게 볼 수 있는 경우는 언제입니까?

(2) 여러분은 국기에 대하여 어떤 생각을 가지고 있는지 자유롭게 이야기해 봅시다.

(1) 여러분 나라의 국기의 이름은 무엇입니까? 그리고 그려보십시오.

(2) 여러분 나라의 국기에 담긴 의미를 설명해 봅시다.